枞阳文化丛书

“枞阳文化丛书”编委会编 | 丛书主编 钱叶全

枞阳非遗

孔令军 主编

合肥工业大学出版社

“枞阳文化丛书”组委会名单

顾　　问	刘亚东　张文林　占聆娜　胡海峰
主　　任	罗成圣
副 主 任	李红兵　吴　峰　杨贤招　胡长友 周晓娟　李晓勤
成　　员	叶学挺　荣光杰　俞正银　钱利勇 吴银明　吴云剑　马满华　汤晓克 张马寅　谢虎超　王　松　查乐乐 姚望华　钱叶全

“枞阳文化丛书”编辑部名单

主　　编	钱叶全
执行主编	谢思球
分册主编	王乐群　钱王刚　陈　靖　孔令军 王建生　谢思球　鲍官明　吴纯生
图片编辑	汪华君　吴保国
编　　务	王　娟　王汉英　伍创新

枞阳要大力加强文化建设，坚持打好文化资源牌，充分发挥名人效应，增强文化自信，将文化底蕴和名人资源转变为发展优势，推动文化大县向文化强县跨越，促进枞阳经济社会全面进步。

切实做到“三个坚持”，一要坚持以人民为中心的创作导向，深入挖掘枞阳文化时代内涵，提升方苞文学奖、朱光潜艺术奖影响力，丰富文化产品供给。二要坚持大力发展文化产业，推动文化与旅游、科技等融合发展，建成一批重大文化产业项目。三要坚持发掘提炼“枞阳精神”，增强全县人民文化素养和文化自觉，努力建设文化强县。

——选摘自中共铜陵市委常委、枞阳县委书记刘亚东在首届“方苞文学奖朱光潜艺术奖”颁奖会议上的讲话

序

做好枞阳文化创新的时代课题

罗成圣

文化是一个地区的特质和灵魂。枞阳地处吴头楚尾，滨江怀湖，有着五千多年文明史、三千多年建城史、两千多年建县史，独特的区位和悠久的历史，形成了具有枞阳特色的地域文明和文化精神。

枞阳自古就是钟灵毓秀之地，教育发达，人文荟萃，名人辈出，在“安徽百位历史文化名人”中占据11位，先后涌现出“铁骨御史”左光斗，百科全书式的大师方以智，桐城派代表人物方苞、刘大櫆、姚鼐，以及将军、外交家、艺术家黄镇，中国“计算机之父”慈云桂，著名美学家、中国现代美学奠基人朱光潜，“一代大哲”方东美等一批风流人物。当代杰出人物层出不穷，以“两院”院士汪旭光、陆大道、丁汉、王福生等为代表，分布在世界各地的枞阳才俊如大江潮涌，竞展风流。

枞阳是桐城派的发源地，桐城派的代表人物及后起之秀大多生长在这块土地上。他们师徒相传，著书立说，学术宏富，形成了庞大的作家和学术群体，蔚成“何意高文归一县，遂令天下号宗师”的文化奇观。

桐城派从枞阳走向全国，影响清代文坛两百余年，南极湘桂，北被燕赵，享有“文章甲天下，冠盖满京华”的盛誉，成为中国文学史上历时最长、参加人数最多、影响最大的文派。

枞阳既是历史悠久的文化大县，又是经济快速发展的新兴地区。枞阳雄踞八百里皖江之中，位居合肥、铜陵、安庆、池州四市之间，“一带一群四区”六大国家战略叠加效应明显，区划调整后经济社会建设得到市委、市政府“五个优先”支持，已经迎来新一轮的大发展、快发展。“十三五”时期，县委、县政府将团结带领全县人民，努力把枞阳建设成为世界铜都江北副中心、合肥都市圈通江达海重要门户、长江经济带重要区域节点、现代旅游休闲养生度假重要基地。

文化包含着兼容、开放和创新。面临枞阳“十三五”发展的大开放格局，枞阳文化迎来了继承弘扬、熔旧铸新的时代课题。如何继承弘扬枞阳优秀传统文化，如何把枞阳的文化名片做大做亮，需要全球视野，需要大开放的战略，需要海纳百川的胸襟，需要枞阳时代文化的吐故纳新。毫无疑问，这需要在历史文化的根基上形成一系列创新文化体系，包括加快现代公共文化服务体系建设，实施一批文化惠民工程，提升公共文化服务供给能力；坚持以人民为中心的创作导向，深入挖掘枞阳文化时代内涵，提升方苞文学奖、朱光潜艺术奖影响力，丰富文化产品供给；大力发展文化产业，推动文化与旅游、科技等融合发展，建成一批重大文化产业项目；大力弘扬社会主义核心价值观，发掘提炼“枞阳精神”，增强全县人民文化素养和文化自觉，努力建设“文化强县”等。创新是枞阳文化的灵魂。只有不断创新，才能保证枞阳文化的生生不息，才能将文化优势转变为枞阳的发展优势。

正是在这样的背景下，“枞阳文化丛书”第一次较为系统地梳理出枞阳历史名人、古代诗文选、当代文学及剧本、民俗风情和非物质文化遗产等精粹。这套丛书的出版，既是枞阳文化建设的一大成果，又是继承和发扬枞阳优秀传统文化的重要媒介。希望更多的有识之士参与到发掘、研究和弘扬枞阳文化的行动中来，续写无愧于先贤、无愧于时代、无愧于后世的文化新篇。也希望“枞阳文化丛书”作为一个文化创新品牌，在彰显枞阳文化自信、发展自信上，形成文化创新系列和出版系列，坚持不懈地锻造文化佳作，输出精品力作，传播正能量，引导大潮流，展示枞阳文化永恒的魅力。

枞川文明生生不息，枞阳精神薪火相传。感谢枞阳大地，感谢枞阳人民，让我们共同仰望这片土地上的灿烂星空。

（作者系枞阳县人民政府县长，“枞阳文化丛书”编委会主任）

编者的话

孔令军

非物质文化遗产，是人民群众世代相传，与生产生活密切相关的传统文化表现形式和文化空间，是民族身份的象征，蕴含着民族特有的精神价值、思维方式、想象力和文化意识，是人类智慧的结晶。

保护非物质文化遗产，就是保护传统文化的文脉，守护民族生生不息的薪火，维护中华民族共同的精神家园，对增强民族凝聚力和文化吸引力，提升文化软实力，实现中华民族的伟大复兴具有重大意义。

枞阳这一片古老而神奇的土地，地处吴头楚尾的长江之滨，西周时为宗子国。西汉元封五年（公元前 106 年）置县，至今有 2000 多年的历史。特定的地理环境和历史文化使枞阳形成了多元的文化形态，孕育了丰富多彩的非物质文化遗产。

本着“保护为主、抢救第一、合理利用、传承发展”的工作方针，2008 年 11 月，我县进行了第一次非遗普查，搜集资料共计 6 大类 109 项。

2009年7月编辑出版了《安庆市非物质文化遗产田野调查汇编·枞阳篇》。

2010年3月《东乡武术》被列入市级非物质文化遗产保护名录，同年4月被列入安徽省第三批省级非物质文化遗产保护名录，2013年11月被列入中国体育非物质文化遗产与推广项目。

目前《枞阳胡琴书》《浮山的传说》《陆家湾老龙灯会》被公布为市级非物质文化遗产保护名录；《枞阳民歌》《枞阳民间传说》《枞阳民间故事》《枞阳民间音乐》《大红伞》《枞阳大鼓书》《十番锣鼓》以及木雕、石雕、织带等14项被列入县级非物质文化遗产保护名录。省级非物质文化遗产代表性传承人1人，市级非物质文化遗产代表性传承人2人。

我县非物质文化遗产资源丰富，本书选编了枞阳民歌、儿歌和民间谚语，也收录了部分民间故事，对省级和市级非遗项目做简略介绍，项目本身的传说故事则收在项目名下。因篇幅和水平所限，不足和遗漏之处，敬请谅解！

2016年4月18日

目　录

第二部分　民间故事

第三部分　非遗项目

第一部分 歌谣、民谚、俗语

一、民　歌

阿妹不离阿哥墙

婴儿喝奶不离娘，燕子绕梁飞高堂，
麻雀不离草屋檐，梧桐树上招凤凰，
招凤凰——阿妹不离阿哥墙。

月亮高高照金牌

月亮高高照金牌，老子送儿学里来，
先生打了无人保，苦做文章考秀才。

陈家洲

陈家洲，真快活，夏布褂子白浆缎。
打阳伞，罩鳖壳，捞豆腐，荷叶托。
称猪肉，阳伞握，到茶馆，把茶喝。
问稻禾，巴茅窠。问六谷，犀牛角。
问黄豆，个挨个。一旦要破圩，
拿荆索，网床脚，挑着棉被山里搁。
老爹爹，老奶奶，借牛栏猪圈落个脚。

来年年头好，要小姑，捡小脚，
要大牛，找大角，要小猪，大的捉，
虾子小鱼有的啜。

（罩鳖壳：穿马夹。）

养女要把施家湾

养女要把施家湾，面朝河来背靠山。
养女不把老洲头，日做瘫子夜做牛。
养女不把傅家几（嘴），吃冷饭，捂冷脚。

映山红三首

（一）

映山红，满山开，小爹爹娶过小奶奶，
脚又大，嘴又歪，又好吃，又拉呆，
跳子屁股打连枷。

（二）

映山红，满山开，小爹爹娶过小奶奶。
花桥抬到大门口，丑得小爹往外走。

（三）

映山红，满山开，一对情人走过来。
小伙子，把花采，再给姑娘带。

（拉呆：吹牛。打连枷：打稻脱粒。跳子屁股打连枷：指脚瘸。）

铺床

(一)

铺床铺床，四拐（角）到堂；
先养儿子，后养姑娘。

(二)

铺床铺床，四拐到堂，
往高头一坐，一年一个，
被窿一揭，只生不歇。

扁豆开花球是球

扁豆开花球是球，养个女儿没养头，
又要箱子又要柜，又要枕头压细（絮）被。

小女伢嗟真是乖

糠筛筛，米筛筛，小女伢嗟真是乖。
日里挑花织缎子，晚上看书把头埋。
一读读到三更鼓，不等天亮又起来。

懒汉歌

早上真好困，到了中午出点劲，

中午炎炎热，到了晚上干不歇。
晚上蚊子咬，不如门子起个早。

（门子：明天。）

十 想

一心想，红绒被，轻丝罗帐。
二心想，银帐钩，挂在两厢。
三心想，金手镯，新打模样。
四心想，五色绸，各撕一丈。
五心想，银簪子，阁楼梳妆。
六心想，朱红漆，橱柜浓香。
七心想，铜锡器，黑子发光。
八心想，八套衣，摆在中堂。
九心想，压箱银，封闭欲亮。
十心想，百褶裙，婆家拜堂。

当兵要当新四军

吃菜要吃白菜心，当兵要当新四军。
一天给你三顿饭，三顿给你二两荤。
一条裤子两条缝，大五大十钱薪新。
长官不压民拥护，都是工农子弟兵。

会唱山歌

会唱山歌歌挨歌，会织绫罗梭挨梭。
会做生意两边带，会讲老婆好几个，好几个——
丢掉这个有那个。

山歌不唱冷秋秋，芝麻不打不出油。
大麦无曲不成酒，江里无包不成洲，不成洲——
一年清水流到头。

姐无情歌不风流，唱歌要唱五句头。
娶亲要娶程氏女，做官要做武王侯，武王侯——
才有名声在后头。

唱不周全莫怪我

要我唱歌就唱歌，我年纪大了歌不多，
粉笔墙上写大字，黑的少来白的多，白的多——
唱不周全莫怪我。

吃过午饭到姐家

吃过午饭到姐家，姐姐锁门不在家。

托上邻家捎句话，就说小郎来看她，来看她——
等姐回家再来玩。

姐说小郎你好差，为何不等姐回家。
塘里行船跑不远，树叶落在树底下，树底下——
不在东家在西家。

东家吃米我吃糠

口唱山歌手插秧，黄汗流来黑汗淌，
牛出力来牛吃草，东家吃米我吃糠，我吃糠——
还靠老天帮帮忙。

天上星多朗朗稀

天上星多朗朗稀，莫笑穷人穿破衣。
十个指头有长短，荷花出水有高低。
有朝一日时运转，破衣换去马奋蹄。

定叫姐姐乐开怀

只吃晚饭不喝茶，姐大郎小不贪花，
红罗帐里跷脚睡，好一只小船无人划，无人划——
年纪轻轻守活寡。

贴心姐姐你好差，说什么年纪轻轻守活寡，
再过几年郎长大，两船并着一船划，一船划——
划得姐姐心花放。

稚心的哥哥小秀才，几年的时间好难挨，
再过几年郎长大，我的光阴回不来，回不来——
人生经得住几徘徊。

姑娘怀孕夜夜愁

五更鸡儿叫悠悠，姑娘怀孕夜夜愁，
指望贪花玩玩耍，不晓贪花结石榴，
肚子大了腰儿粗，嘴里无味酸溜溜，
还不知冤家几时休。

姑嫂二人不一样

跳下田来捡个秧，不知是糯秧是粘秧，
邻家有个大小姐，不知是嫂子是姑娘。
嫂子身上奶腥气，姑娘身上幽幽香，幽幽香——
姑嫂二人不一样。

乖姐媒妁人挨人

天上云垛云，地上人挨人，
瓷器店里碗垛碗，木匠铺里盆挨盆，盆挨盆——
乖姐媒妁人挨人。

乖妹声小动郎心

唱歌不要放高声，只要字句咬得清，
老哇高声有人骂，画眉小声人爱听，
人爱听，乖妹声小动郎心。

（老哇：乌鸦。）

家花没有野花香

南风没有北风凉，家花没有野花香，
家花不香但长久，野花虽香不久长，
不久长，家花野花两个样。

老天也有二月难

老天也有二月难，蚕要暖来麦要寒，
插下青稞盼下雨，跑路哥哥怕天晗，

怕天晗，难怪难写好文章。

（天晗：天阴。）

撩个心中如意人

十七十八花一枝，再不嬲郎到几时，
郎不嬲人是痴汉，姐不嬲人枉为人，
枉为人，撩个心中如意人。

你家女婿不成才

小板凳，地上挨，你家女婿不成才，
好喝酒来好打牌，牌打通宵不嘎（家）来。
锅里既无米，灶里又无柴，
这样的日子，怎么过得下来。

漂流浪子快回头

姐劝小郎莫漂流，不务正业人人愁，
三十多岁无妻子，姑娘一见都摇头。
都摇头，漂流浪子快回头。

唱大戏

黄嘎（家）山，唱七折，各家姑姑姐姐往家接，

蹲缸涨，米缸舍（降），草堆头，两边歇，
看戏日夜都不歇。

（指旧时看大戏的情景。）

山歌本是古人留

山歌本是古人留，留给世间解忧愁，
歇上三天人不唱，三岁小伢急白之头。

山歌本是古人留，留在世间解忧愁，
时时能把山歌唱，日提精神夜解愁。

天也与姐唱反腔

三伏天有风风不凉，三九天无风风结霜。
昨夜有郎嫌夜短，今夜无郎嫌夜长。
嫌夜长，天也与姐唱反腔。

无数钱财被抢光

小小麻将摆四方，既无刀来又无枪，
万顷良田被夺去，无数钱财被抢光。

稀糊一大盆

老板喊吃饭，转身往家趟，
两脚进了门，稀糊一大盆。
盆里照见碗，碗里照见人，
不知是老板要死，还是老板娘显魂。

小媳妇怕过三月天

小媳妇怕过三月天，日长夜短不够眠，
日里做事公婆管，晚上睡觉丈夫缠。

眼泪汪汪把苦咽

苋菜出土柳叶尖，童养媳做人难上天，
公公动不动跳脚骂，婆婆动不动加恶言，
我六神无主打圈圈。

苋菜除根鸡蛋煎，热酒送进婆房间，
先斟三杯公不喝，后斟三杯婆不沾，
我浑身发抖等婆喧（骂）。

苋菜根儿瘪蔫蔫，童养媳活着苦无边，

真想一步梁上死，只怕爹娘哭涟涟，
我眼泪汪汪把苦咽。

樱桃小嘴露白牙

高高山上一树花，姐不嫐郎郎嫐她，
张嘴一笑花似姐，抿嘴一笑姐似花，
姐似花，樱桃小嘴露白牙。

怎抵老天恶

东打雷来西扯合，圩里的人急之作，
边砍树桩边来削，边抬石头筑坝脚。
平时不烧香，怎抵老天恶？
下起雨来天河倒，汪洋一片起泡沫，
不好着不好着，要是堵不了那个壑，
今年的收成又要泼。

（扯合：闪电。）

这么粗糙怎持家

白米饭儿满口扒，好几粒沙子嘣了牙，
天天只有三餐饭，为何打米不淘沙。
不淘沙，这么粗糙怎持家。

说声当家的你好差，自己无能怪人家，
锅前灶后三十里，还有小伢缠要妈。
缠要妈，兑水划饭沙落下。

炉子锅里突猪肉

贴红喜，放鞭炮，娘家哭，婆家笑。
娘家小女儿嗯（你）别哭，转过墙拐是大瓦屋，
菜园里菜青扑扑，池塘里鱼忽突突，
大锅里饭，小锅里粥，炉子锅里突猪育（肉），
包嗯（你）蹲之好享福。

（突：煮。蹲之：住着。）

小老奶奶俏咯咯

小老奶奶俏咯咯，带纺条子带烧锅。
伢又醒之，锅又滚之，一脚踩到小鸡颈子，
一脚打翻马子桶子！

（形容村妇忙。纺条子：纺纱。）

财神菩萨贴得好

财神菩萨贴得好，金子银子往嘎（家）跑；

财神菩萨贴得高，金子银子往家挑；
财神菩萨贴得矮，金子银子往家甩；
财神菩萨贴得正，金子银子往家送；
财神菩萨贴得歪，金子银子往家揣。

吃了上顿没下餐

四月南风大麦黄，田里闻到焦面香。
头冷顾头难顾脚，割肉难补眼前疮。

四月南风大麦黄，远处传来算盘响。
哪怕一分收一石（担），吃了上顿没下餐。

哪有街上卖傻花

小小女婿梳光头，日里逛荡夜里游，
家里老婆劝不醒，叫他常常上高楼。
高楼三层十八间，上层就是丈人家，
丈人迎接笑哈哈，丈母迎接倒插钗。
丈人找婿会写字，丈母养女会挑花，
大姐一挑月季红，二姐又挑红牡丹，
只有三姐不会挑，关起门来纺细纱，
一天要纺三两线，三天就纺九两纱，
只有街上买夏布，哪有街上卖傻花。

童养媳谣

一周一岁喝娘奶，二周二岁离娘身，
七岁女儿裹小脚，八岁就到婆家中。

又给婆婆倒马桶，又给公公点烟灯，
又给嫂嫂洗屎片，又给小姑穿花针。

做菜烧锅忙到晚，夜里挑水到三更，
八岁女娃挑不动，要想偷懒死得成。

快快叫来小贱人，给我跪在堂中心，
桑树条子一千根，火钳铁锥斤把斤，

婆婆小脚尖又狠，打得小媳挂之筋，
快快把信娘家去，免得死在婆家中。

十二月长工谣

正月又长正月空，家里无粮打长工，
别人打工糊自己，我打长工养娘亲。

二月又长二月空，老板要我上长工，

老板出我二吊五，我要三吊才干成。

三月又长三月空，挑担犁耙下田冲，
瓦片莲刺来戳脚，眼水汪汪往前行。

四月又长四月空，挑担黄秧下田中，
栽秧栽得腰身断，老板只栽几大根。

头上又淋毛毛雨，脚下又陷烂泥坑，
蚂蟥爬来咬又狠，只见水面血染红！

五月又长五月空，江里轮船响咚咚，
你家老小都去看，只剩我看鸡看鸭带看门。
锅里一碗馊冷粥，灶里毛草几大根。

六月又长六月空，驮辆水车下田冲，
沟里无水车得少，老板看水骂得凶。
只怪老天不下雨，哪能怪我小长工，
若不是长工心肠软，一锹刨掉你脚后跟。

七月又长七月空，拿把镰刀下田中，
割稻割得腰身断，老板只割几百根。
头上遭受毒日晒，身子像进蒸笼中，

汗水遍体衣湿透，又被熏得晕沉沉。

八月又长八月空，稻场石磙响咚咚，
你家老小都困觉，留我一个小长工。
家神野鬼没一个，只有老牛伴我行。
东边岭上狼又叫，西边山上豺狗哼，
三魂吓掉二魂半，七魄全都离开身，
只听一声孤鬼叫，长工瘫到草堆中。

九月又长九月空，老板吊酒为长工，
老板喝得醺醺醉，哪让我长工喝几盅。

十月又长十月空，老板杀鸡杀鸭为长工，
老板吃的是纯切肉，鸡头鸭脚留给我长工。

冬月又长冬月空，挑担稻谷汗津津，
老板吃的是纯白米，长工吃的是虾米红。

腊月又长腊月空，老板量了二斗米来称，
长工磨粉糊年带做粑，今年挨过明年到哪家！

对　歌

跳下田埂唱一声，哥猜我是哪里人？

开封扇子杭州府，苏州篦子川江人。

你有话来尽管讲，看我知晓不知晓，
你有屁来尽管放，看我知道不知道。

你这么唱这么能，萝卜下水到桐城，
桐城落在什么省？桐城说话可知音？
桐城城墙多少垛？四门八扇多少斤？
扇扇门儿对哪门？

桐城落在安徽省，桐城说话我知音，
城墙三千七百垛，四门八扇九千斤，
扇扇门儿对北门。

你这么唱这么行，行船跑马到洛阳，
洛阳桥上多少板？多少柱子顶桥梁？
甚人造来甚人修？甚人拉车压条沟？
甚人骑驴桥上过？甚人打马看春秋？
甚人洗衣桥上晒？甚人桥上晒日头？
多少龙头朝南海？多少狮子矗桥头？

我这么唱是很行，行船跑马到洛阳，
洛阳桥上千块板，万根柱子顶桥梁。

张公修来鲁公修，文王拉车压条沟。
张仙骑驴桥上过，关羽打马看春秋。
李三娘洗衣桥头晒，铁拐李桥上晒日头。
两条龙头朝南海，四只狮子矗桥头。

你这么唱这么乖，你知南京多少街？
多少长来多少短？多少正来多少歪？

我这么唱这么乖，我知南京多少街。
十条长来十条短，十条正来十条歪！

你这么唱这么羞，你知南京多少沟？
多少长来多少短？多少正来多少歪？

我这么唱这么羞，我知南京多少沟。
十条长来十条短，十条正来十条歪。

孟姜女送寒衣

正月里来是新春，家家户户点红灯，
人家夫妻团圆聚，我孟姜女丈夫修长城。

二月里来暖洋洋，燕子双飞到南方，
燕子成双又成对，我孟姜女成单不成双。

三月里来是清明，家家户户去上坟，
人家坟上飘白纸，我家坟头冷清清。

四月里来大麦黄，姑嫂二人去采桑，
桑篮挂在桑树上，一把眼泪一把桑。

五月里来是端阳，家家户户插秧忙，
人家都把黄秧插，我孟姜女田里草成行。

六月里来热难当，蚊子飞舞闹嚷嚷，
宁可咬奴千口血，勿咬我夫范喜良。

七月里来秋风凉，家家户户做衣裳，
人家都把新衣做，我孟姜女破衣穿身上。

八月里来雁门开，雁群飞去迎霜来，
我同孤雁一样苦，好似鸳鸯两分开。

九月里来是重阳，重阳造酒桂花香，
人家造酒夫妻饮，我孟姜女造酒无人尝。

十月里来北风高，雪子冻雨顺风飘，

长城天气多寒冷，我夫无衣命难熬。

十一月来雪花飞，我孟姜女千里送寒衣。
哭倒长城千万里，未见我夫喜良归。

十二月来过年忙，家家户户宰猪羊，
人家欢欢喜喜把年过，我孟姜女守孝白满堂。

妹子跟我保快乐

男　不敲鼓来光打锣，
女　不说少来光说多，
男　兰花妹子我的妹，
女　秃子哥哥么事哟，
男　兰花妹子帮帮我，
　　你我共唱多字歌。
女　要我唱歌就唱歌，
　　你歌没有我歌多，
　　多字歌来就多字，
　　我先与你对对多。
　　玩狮子——
男　看得多。
女　你头上——

男　毛不多。
女　我头上——
男　虱子多。
女　做婆婆——
男　嚼经多。
女　做媳妇——
男　受气多。
女　老先生——
男　讹错多。
女　小学生——
男　贪玩多。
女　做官的——
男　架子多。
女　二帮作——
男　马屁多。
女　春季里——
男　花灯多。
女　夏季里——
男　蚊虫多。
女　贵府上——
男　鞭炮多。
女　鞭炮哔驳驳，
　　秃子头上急之作。

男 管他急作不急作，
妹子跟我保快乐。

痢痢哥哥要港（讲）亲

痢痢哥哥去买柴，上街游到下街来。
碰到一个好美女，又不跛来又不歪。
正好从我对向来。

青布褂子外面罩，青布鞋子白袜套，
弯弯眉毛八字开，一股香气呀——喷出来！

她问我——柴卖不卖，
她问我——卖不卖柴。
痢痢眼睛眦花之眼，喉咙哽子没答出来。

痢痢气得把柴甩，驼着扁担回家来。

娭毑走来细声问：是与街上人打架？
还是街上人拿柴？痢痢闷声不出气，
倒在床上歪一歪：娭毑娭毑听我港（讲），
不是街上人打架，不是街上人拿柴。
只是碰到一个好美女，那个漂亮啊——惹人爱！

她问老子柴卖不卖？她问老子卖不卖柴？
那个香气呀——喷出来，
真的惹人爱——惹人爱。
老子可怜眦瞎之眼，喉咙哽子没答出来！

人家漂亮像花朵，说话就像花儿开。
你丑得像个猪八戒，一头的瘌痢还作怪！
好牌要让精明人来打，好花要在清爽的树上开。
娭毑哦——娭毑啰——我的亲娘啰——
你要是不把我港（讲）亲，我再也不上街去买柴。

（娭毑：母亲。港亲：讨老婆。眦：呆呆看。）

放牛歌

太阳出山啰！噢！哟！
驾——驾——
清早赶牛上山坡，太阳见我笑呵呵呦！
牛儿爱吃露水草啊！牛娃喜欢唱山歌、唱山歌！
牛吃青草肥又壮，我唱山歌多快活、多快活呦。
我在这山喊呦嗬！谁在哪山学我唱噢！
要唱山歌对搭对啊，躲躲藏藏做什么呦嗬。
陪我同唱山歌呦，我唱歌多快活！

十二月花

天上又起五色云，好姐又穿紫罗裙。
梳好头，戴好花，问问好姐到哪家？
皇帝娘娘生太子，接我三朝吃喜茶。
端张椅子拦门坐，手拿书本来看花。
正月梅花初七开，二月杏花等春来，
三月桃花红似火，四月蔷薇惹人爱，
五月栀子心里黄，六月荷花满池塘，
七月莲花铺上水，八月桂花满园香，
九月菊花盆中展，十月芙蓉赛牡丹，
十一月雪花纷纷下，腊月蜡梅雪中寒。

十月古人名

正月古人是新年，关公月下斩貂蝉，
一心要娶貂蝉女，张飞两眼泪涟涟。
二月古人龙抬头，王三小姐抛绣球，
彩球不落官宦手，单落平贵花郎头。
三月古人三月三，昭君娘娘去和番，
出个奸臣毛延寿，怀抱琵琶马上弹。
四月古人四季青，单人独马常遇春，
军令要把采石破，攻破采石杀奸臣。

五月古人是端阳，刘秀落难在南阳，
姚齐马武双救驾，二十八宿闹昆阳。
六月古人六月中，唐朝又出唐太宗，
征东征西薛仁贵，扰乱江山青龙星。
七月古人秋风凉，把守江山杨六郎，
杀人放火是焦赞，翻尸盗骨是孟良。
八月古人是中秋，隋炀皇帝耍扬州，
一心要把琼花看，万里江山一旦丢。
九月古人是重阳，重阳醉酒菊花黄，
康王造酒今还在，妻打豆腐水汪汪。
十月古人小阳春，傅萝卜担心撵母亲，
一撵撵到西天上，铁树开花转来生。

十月踏梅

正月踏梅正呀正，我约小妹去看灯。
看灯是假意呀，妹子吔，
看你是否是真心。

二月踏梅龙抬头，王三小姐抛绣球。
我无心做文章，妹子吔，
我一心挂两头。

三月踏梅是清明，我提香纸去祭坟。
抬头看见你哟，妹子吔，
为何不作声？

四月踏梅水上漂，我在河边把鱼钓。
大鱼钓上钩哟，妹子吔，
我怎么舍得抛。

五月踏梅是端阳，三角粽子裹蜜糖。
别人都不送哟，妹子吔，
我送你亲口尝。

六月踏梅是伏天，夏布褂子做两件。
别人都不送哟，妹子吔，
我送你亲身穿。

七月踏梅七月七，大红枣子甜似蜜。
我送上这一把哟，妹子吔，
问你可好吃？

八月踏梅是中秋，中秋月饼圆丢丢。
别人都不送哟，妹子吔，
我送你过中秋。

九月踏梅菊花黄，菊花开得满墙香。
我摘下这一朵哟，妹子吔，
我插在你头上。

十月踏梅霜下地，我约妹子去看戏。
看戏坐一起哟，妹子吔，
一对好夫妻！

十哭谣

正月小女想亲娘，想起亲娘哭一场。
我在娘家做女子，不梳洋头不出房。

二月小女想亲娘，想起亲娘哭一场。
我在娘家做女子，大红衣裳拖多长。

三月小女想亲娘，想起亲娘哭一场。
我在娘家做女子，白酥冰糖白光光。

四月小女想亲娘，想起亲娘哭一场。
我在娘家做女子，亲娘下面我先尝。

五月小女想亲娘，想起亲娘哭一场。

我在娘家做女子，锅台碗盏不用忙。

六月小女苦做苦难挨，身上汗珠滚下来。
哪个向我亲娘讲，多带手巾两条来。

七月小女苦做苦难挨，身上垢肌滚下来。
哪个向我亲娘讲，多带皂角两篮来。

八月小女苦做苦难挨，脚踩草鞋去砍柴。
哪个向我亲娘讲，多带鞋袜两双来。

九月小女苦做苦难挨，身上冻得雪涯涯。
哪个向我亲娘讲，多带棉袄两件来。

十月小女苦做苦难挨，死在床上无人抬。
哪个向我亲娘讲，多带大表纸两刀来。

一个鸡蛋两个黄

一个鸡蛋两个黄，哪个女儿不想娘。
早想起来想到晚，晚想起来夜又长。

爹爹听说孙女回来，喜得胡子掉下几根来。

奶奶听说孙女回来，拿起黄荆拐杖走上来。

大大听说女儿回来，拎起菜篮上他的街。
娭毑听说女儿回来，拿起菜刀砧板上锅台。

哥哥听说妹子回来，房里茶盏摆出来。
嫂子听说小姑回来，关起房门做她的鞋，
做双红鞋上她的路，做双白鞋进棺材。
哥哥拿钱去打酒，嫂子眼睛瞅一瞅。
哥哥拿钱称挂面，嫂子眼睛转一转。
哥哥拿钱去称辱（肉），嫂子眼睛突一突。

小姑泪水眼里转，我也不吃你的面，
我也不吃你的酒，看完亲人我就走。

哥哥送到大门外，说声小姑你别怪。
大大送到塘埂边，抬起头来看看天。
望望老天快下雨，留我女儿过一天。
娭毑送到大路边，叫声女儿常回来。
有娘有老常常跑，无娘无老莫回来。
女儿点头暗思忖，铁树开花才回来。

贩　茶

大哥贩茶二十年，哪块吃饭哪块眠？

衣裳破了哪个补，鞋袜破了哪个连？

大哥贩茶二十年，店里吃饭店里眠。
衣裳破了自个补，鞋袜破了自个连。

我在外贩茶二十年，小姐哪块吃饭哪块眠？
头上金簪哪个打，手上银镯哪个钱？

大哥贩茶二十年，我和小姑吃饭小姑眠。
头上金簪自己打，手上银镯压箱钱。

哥哥莫听嫂子言，她跟张郎吃饭李郎眠。
小姑小姑你别刁，我把事情讲明了。
青缎子卷，白缎子包，
郎驮锄头姑带锹，荷花园里小坟包。
大哥若不将我信，立马带你见分晓。

喜喜

喜喜叫，喜喜啼，喜喜家养个娇妹子，
吃饭不吃回炉饭，穿衣不穿旧罗裙，
洗脸不洗旧毛巾，把你许给江南小学生，
马上送你去过门。

十二匹龙马十二匹伞，十二个抬夫送嫁妆。
大姐送到花园里，二姐送到半路上，
只有三姐送得远，送到南京城楼上。
歇子马，烧支香，请我三姐转回乡。
拜拜我爹好狠心，把女儿许到远路程。
拜拜我的娘，从头到脚哭一场。
拜拜我大哥，打嫁妆；拜拜我大嫂，做衣裳。
拜拜媒公今朝死，拜拜媒婆烂断肠。
得我银钱买药吃，得我银钱买棺材。
老娘啊，白果开花遇路栽，铁树开花我回来。

苦媳妇

苦媳妇生得多，早早晚晚受折磨。
踩地踩到三更里，挨磨挨到五更多。
睡觉好比鸡眨眼，不等天亮又烧锅。
走到厨房把灯点，问一声婆婆米要打好多。

恶毒的婆婆开口骂：你呀！你呀！你听着！
婆婆在日你问的是婆婆，婆婆死后你问谁呦！

山上大树靠山长，锣要鼓来鼓要锣。
老龙起水靠江河，年幼的媳妇靠公婆。

问问婆婆也讨骂，苦媳妇的日子好苦啰！

（跺地：石碓捣米。挨磨：又称“磨磨”，用石磨磨谷物。）

四季歌

正月小孩抱在怀，二月老龙把头抬。
三月清明鞭炮纸，四月小满把秧栽。
五月轮船漂大海，六月荷花满塘开。
七月牛郎配织女，八月初一桂花开。
九月菊花雕小酒，十月霜降冬将来。
十一月雪花飘呀飘，十二月哟多少大姑变大嫂哦。

放牛郎

小小牛角一窝圆，看牛的小伢好可怜。
晴天想不到热饭吃，雨天想不到干衣穿。
头戴斗笠身穿蓑，穷人孩儿没奈何，没奈何。
手拿牛鞭唱山歌。

山歌好唱口难开，樱桃好吃树难栽，
米饭好吃田难种，粑儿好吃磨难挨，磨难挨。
鲜鱼好吃网难开。

什么人知道口难开？什么人知道树难栽？
什么人知道田难种？什么人知道磨难挨？

什么人知道网难开？
张果老知道口难开，采桑娘知道树难栽，
农夫汉知道田难种，李三娘知道磨难挨，
打鱼郎知道网难开，网难开。

什么样的张果老？什么样的采桑娘？
什么样的农夫汉？什么样的李三娘？
什么样的打鱼郎？打鱼郎？

白发霜眉张果老，油头小脚采桑娘，
灰头泥腿农夫汉，披头散发李三娘，李三娘。
撩衣扎裤打鱼郎。

哪里看见张果老？哪里看见采桑娘？
哪里看见农夫汉？哪里看见李三娘？
哪里看见打鱼郎？打鱼郎？

仙山看见张果老，桑园看见采桑娘，
田畈看见农夫汉，磨坊看见李三娘，李三娘。
河边看见打鱼郎。

爬了一山又一山，赶了一滩又一滩，
牛儿吃饱往回赶，牛娃肚里饿得慌，饿得慌。

十八岁大姐周岁郎

十八岁大姐周岁郎，洗屎把尿抱上床，
困到半夜要奶吃，我是你妻不是娘！
不是爹娘待我好，一脚把你踢下床！
婆劝媳妇三句言：待我孩儿三几年，
初三初四毛毛月，月到十五自团圆。
媳妇敬婆几句词：采花宜早不宜迟，
不宜迟，莫待无花空折枝。
十七、十八光阴短，人到中年万事休，
万事休，水流东海不回头。

一阵日头一阵阴

栀子开花叶叶青，十八大姐赛观音。
头赛乌丝脸赛月，双眼赛得过天星。
手嘎子弯弯赛莲藕，手指头尖尖赛藕针。

田畈里走地畈里行，田畈里一个小书生，
三步变成二步走，二步急着一步行，一步行——
三步二赶到姐门，
双手捺在姐衣襟。
娇姐回头望一望，不是姐家哥兄弟，

不是我婆家小叔公。
娘家哥哥做知府，婆家叔公做官的人。
门朝家去听我哥哥讲，叫我哥哥剥你的皮来抽你筋。
剥你的皮来蒙花鼓，磕你的牙齿做鼓钉。
剐你的黄油点灯盏，抽你的筋来做灯芯。

书生一听不作声，姐打洋魅子郎猜通。
天上明月有一个，鳖鱼卡来有一根。
天上红霞有一个，老龙骨头有半斤。
姐打洋魅子郎猜通，猜到洋魅子姐配婚。
书生一听笑盈盈，这个洋魅子我能猜通。
天上明月姐镜子，鳖鱼卡姐头上针。
天上红霞姐头绳，老龙骨头姐簪子。

娇姐一听笑盈盈，再打洋魅子郎猜通。
姐做墙头一棵草，小郎何时何日落姐身。
小郎一听心里明，这个洋魅子我能猜通。
姐做墙头一棵草，小郎做露水落姐身。

娇姐一听笑盈盈，好一个书生真聪明。
姐再打洋魅子郎猜通，姐做江河里一河水。
小郎何时何日落姐身，书生一听笑盈盈。
姐做江河里一河水，小郎做个鲤鱼落姐身。

娇姐一听笑盈盈，再打洋魅子郎猜通。
姐做狮子朝天睡，小郎何时何日落姐身。
书生一听盈盈笑，这个洋魅子我更猜得通。
姐做狮子朝天睡，郎做狮球落姐身。

十月怀胎经

开言我把列位叫，叫声列位听分明；
以下十月怀胎经，字字行行记在心。
一月怀胎如露淋，桃李花开正逢春；
好似水上浮萍草，未知生根不生根。
二月怀胎不计时，手酸脚麻路难行；
眼花不见穿针线，放下花鞋懒起身。
三月怀胎三月三，三餐茶饭吃两餐；
三餐茶饭不想吃，只想酸梅口中含。
四月怀胎渐渐紧，浑身骨软闷沉沉；
年轻生子尤小可，老来生子苦难当。
五月怀胎分男女，七孔八窍便成人；
是男是女心中想，未知何日得降生。
六月怀胎三伏天，烧茶烧水懒上前；
堂上扫地身难转，行路尤同上高山。
七月怀胎正是秋，时刻记儿在心头；

物高不敢伸手取，物低不敢低头抽。
八月怀胎桂花香，收谷进仓乱忙忙；
母亲怀胎多辛苦，头昏眼花面皮黄。
九月怀胎重如山，低头容易起床难；
吃饭不敢多吃口，罗裙不敢紧腰缠。
十月怀胎刚刚满，儿在腹中团团转；
左手扯娘身上肉，右手扯娘肚里肝。
一阵痛来一阵忙，两阵痛来失了魂；
牙齿咬得钢钉断，两脚踩得地皮穿。
生命危危往心头，十分苦楚最难当；
叫娘上天天无路，叫娘下地地无门。
结发丈夫心怀思，洗手焚香叩神灵；
一许生来并保界，二许南海观世音；
观世音来观世音，救了世间多少人。
三许长生并土地，四许家先满堂神；
今日许愿功德满，孩儿方得降下身。
孩儿下地哭一声，娘在房中两世人；
孩儿下地哭两声，堂上公婆放了心；
孩儿下地哭三声，娘在床上又翻身。
金盆打水来洗理，罗裙包儿在娘身；
日间苦处容易过，夜间苦处更难当。
左边干床让儿睡，右边湿处娘安身；
若是两边都湿了，双手抱儿到天明。

一日吃娘三肚奶，三日喝娘九肚浆；
娘奶不是长江水，又非山中树木浆；
口口吃娘身上血，娘亲老了面皮黄。
一岁两岁吃娘奶，三岁四岁离娘身。
若是到了七八岁，送子学堂攻书文；
先读三字百家姓，后读四书并五经。
自幼读书学礼仪，柴米油盐送先生；
孩儿出门读书去，堂上公婆才放心。
早晨出门望到午，午间出门望日落。
一愁孩儿身上冷，二愁孩儿肚里饥；
三愁孩儿年纪小，四愁孩儿被人欺；
五愁孩儿水边耍，六愁孩儿上高梯；
七愁孩儿生麻豆，八愁孩儿不上课；
九愁孩儿性懒惰，十愁孩儿不登科。
孩儿今日长大了，请个媒人去提亲；
配得张家李氏女，花花轿子接上门。
孝顺儿子孝父母，不孝之人孝妻情；
妻子八度好凄惶，父母丢在九云霄。
孝顺人生孝顺子，忤逆人生忤逆郎；
不信但看檐前水，点点滴滴不差移。
敬父如敬灵山佛，敬母如敬观世音；
你敬父母有十两，后来儿孙还一斤。
父母在世不孝敬，死后何须哭鬼神；

千哭万哭一张纸，千拜万拜一炉香。
灵前供品万般有，哪见亡母亲口尝；
养儿才知娘受苦，养女方知报娘恩。
一生都是儿孙福，粉身碎骨难报恩；
奉劝世人发善心，孝顺双全敬双亲。
养儿要报父母恩，三年斋戒泣血盆；
吃斋戒得三年满，超度亡魂上西天。
伏望我佛亲指示，儿得娘亲坐血盆；
怀胎之经说不尽，各表几句表寸心。

一阵风来树摇影

月儿偷偷躲进墙，门儿半掩妹心慌。
一阵风来树摇影，疑是郎来撞门窗。

日长遥遥难得过

栀子花开六瓣头，情哥约我黄昏后。
日长遥遥难得过，双手扳窗看日头。

郎做车辐姐做厢

新打水车一丈长，郎做车辐姐做厢。
郎做车辐长来往，姐做车厢搂抱郎，搂抱郎——

翻来覆去还在姐身上。

巴不得河宽走不完

乖妹和郎同过河，水深河阔要郎驮，
郎驮乖妹河中走，好比飞在彩云端，彩云端——
巴不得河宽走不完。

帮郎田里来插秧

郎在田里插黄秧，姐拎箩筐去采桑，
箩筐挂在桑枝上，帮郎田里来插秧，来插秧——
插完黄秧再采桑。

抱姐儿子舞龙灯

吃过午饭姐家行，抱姐儿子舞龙灯，
我说姐的儿子好像我，姐在一旁眨眼睛，眨眼睛——
恐怕门外有旁人。

不怕小郎采莲蓬

新辟花园面朝东，姐瞒爹娘走后门，
不怕蝴蝶来跳舞，不怕蜜蜂钻花芯，

不怕小郎采莲蓬。

等郎抬头把手招

太阳起山没多高，大姐围裙紧系腰，
挑担水儿门前过，故意换肩给郎瞧。

太阳当顶似火烧，乖姐饭熟不好噢，
门前假唤鸡吃米，等郎抬头把手招。

等你吃饭好心焦

太阳当顶步步高，小大姐饭熟不好噢，
端张椅子门前坐，待郎经过把手招，把手招——
等你吃饭好心焦。

二人从小结鸳鸯

郎唱山歌妹帮腔，二人从小结鸳鸯，
上山砍柴脚连脚，下田插秧行对行，
同桌吃饭同床玩。

句句打动姐的心

新打小船行上河，桅杆上面挂响锣，

响锣本受风吹打，嬲姐话语不需多，不需多——
只需三句好山歌。

情郎哥哥小哥哥，哪来许多好山歌，
你把山歌教给姐，姐把小手给你摸，给你摸——
先摸小手后教歌。

郎一声来姐一声，好比先生教学生，
先生教书有书本，山歌无本句句真，句句真——
句句打动姐的心。

两人变成一个人

二月里来桃花红，十八岁大姐想情人，
夜晚思情心做梦，好像情郎拉罗裙，拉罗裙——
两人变成一个人。

莫把机会错过了

姐在菜园摘辣椒，郎在后面抱姐腰，
将姐捺在地沟里，哎哟哎哟扛了腰，
等我起来再睡倒。

心爱妹妹莫耍刁，放你起来你要跑，

一年三百六十日，哪有几多像今朝，
莫把机会错过了。

情哥占了姐心房

天上浮云占四方，地下黄龙占九江，
皇帝占了金銮殿，菩萨占了古庙堂，
情哥占了姐心房。

山歌唱得人心乱

姐在家里织绫罗，郎在外面唱山歌，
山歌唱得人心乱，几次走神错穿梭，错穿梭——
老板责怪我担着。

听郎山歌唱得好

郎唱山歌声音高，姐在家中把锅烧，
听郎山歌唱得好，错把火钳当排刀，当排刀——
菜没放盐饭烧焦。

（排刀：即菜刀。）

望情郎

姐姐门口有棵杨，手拽树枝望情郎，

人家问我望什么，我望黄狗撵白羊，撵白羊——
谁人知道我是望情郎。

姐姐门前有个竹园窠，手拽竹桠望情哥，
人家问我望什么，我望鸟雀可做窠，可做窠——
谁人知道我是望情哥。

我和乖妹隔河湾

我和乖妹隔河湾，老远听到蛮槌响，
以为乖妹洗衣裳，一气过河翻山冈，
原来是啄木鸟儿啄树桩。

想坏房里绣花人

郎唱山歌放高声，想坏房里绣花人，
本想不听把花绣，只怨大风送进门，
捂住耳朵它钻心。

卖铃铃

拨浪鼓，摇一摇，小姑娘出来瞧一瞧，
买根针，买根线，买块花布做鞋面，
买根大针纳鞋底，买根小针穿花线。

拨浪鼓

拨浪鼓儿摇摇，大姐出来瞧瞧，
花线、本线，大姐出来好看。

心儿变了脸也变

太阳落山黑了天，情哥把我丢一边，
我的冰糖他说苦，别人黄连他说甜，
心儿变了脸也变。

要我变心万不能

情姐爱哥爱得深，不怕爹娘不答应，
打开皮来还有肉，打开肉来还有筋，
要我变心万不能。

一想搭腔二看郎

郎在田里插黄秧，姐在河边洗衣裳，
姐捶蛮槌三下响，惹郎抬头好搭腔，好搭腔——
一想搭腔二看郎。

一有机会就相交

唱歌不用大声嚎，嬲姐不用到处跑，
村前庄后选一个，一天能跑好几遭，好几遭——
一有机会就相交。

一枝桃花靠墙开

一枝桃花靠墙开，三瓣正来三瓣歪，
你要正来正到底，你要歪就歪过来，
又不正来又不歪，害得小郎胡乱猜。

篮里洗菜篮外漂

篮里洗菜篮外漂，手指尖尖往起捞，
撑船的大哥看见了，河边柳下女多娇，女多娇——
点起篙来把船靠。

撑你的船来点你的篙，你管我多娇不多娇，
多娇值银几千两，你的破船值几毫，值几毫——
磕磕打打当柴烧。

新打的船儿两头尖，上到云南下四川，

云南的白米我先吃，四川的绫罗我先穿，我先穿——
河边的饭店随我眠。

扯什么谎来拉什么呆，上无片瓦下无砖，
有朝一日狂风起，桅杆朝下底朝天，底朝天——
撑船的大哥好可怜。

不扯谎来不拉呆，芦苇做瓦板做砖，
有朝一日扯上三天连阴雨，
打我的小牌来吃我的烟，吃我的烟——
船舱里的大哥赛神仙。

蜜蜂不采枯萎花

小郎今年二十一，爬上山来砍毛竹，
剖开毛竹做竹篦，染上洋红刷油漆。
疏密相间精细做，描喜又写福寿禄，
放在篮里下乡卖，叫卖叫到姐跟前。

姐问竹篦怎么卖，刚才屋后有价钱，
人家出我四吊五，大姐要买不收钱，
只要大姐与我好，送个竹篦结姻缘。
你这叫卖别痴想，买你竹篦给你钱，

我家男人是花贼，哪有鲜花到你园。
婆娘枯花甭自夸，不要竹篦郎收它，
小郎好比春天蜂，千山万水飞天涯，
红花黄花有的是，蜜蜂不采枯萎花。

手扶栏杆十二叹

手扶栏杆口叹一声，鸳鸯枕上劝劝奴的亲人：
远路鲜花你别采，行船跑马你小心。
干哥哥哎——哪个是你同心合意的人！

手扶栏杆口叹二声，鸳鸯枕上应声哥的亲人：
远路鲜花我不采，行船跑马我小心。
干妹妹哎——你是我同心合意的人！

手扶栏杆叹三声，昨天晚上可是哥哥来叫门？
妹妹心想开门去接你，又生怕是别人试奴的心。
干哥哥哎——今后叫门先报姓和名。

手扶栏杆口叹四声，昨天晚上是哥哥来叫门，
哥听厢房人说话，又听厢房人作声。
干妹妹哎——我忍气吞声转回自家门。

手扶栏杆口叹五声，干哥哥说话真是气坏人，
你一听厢房人说话，二听厢房人作声。
干哥哥哎——嗯摸着火柴点亮灯，
掀开罗帐看看是何人？

手扶栏杆口叹六声，干妹妹说话真是气坏人！
一不是红媒撮合你和我，二不是爹娘许配成的婚。
干妹妹哎——露水夫妻房间点个什么灯！

手扶栏杆口叹七声，干哥哥说话真是气坏人！
一日夫妻百日恩，百日夫妻海样深。
干哥哥哎——露水夫妻各凭各良心。

手扶栏杆口叹八声，干妹妹说话真是气坏人！
一把拿起油纸伞，脚穿钉鞋就动身。
干妹妹哎——往后不进你家的门！

手扶栏杆口叹九声，干哥哥说话真是气坏人！
蜻蜓落在蛛网上，苍蝇落到面糊盆。
干哥哥哎——你要上天妹也驾云层！

手扶栏杆口叹十声，干妹妹嗯不要气坏之心，
栀子花开心里笑吟吟，哥哥不忘妹妹的意和情。

干妹妹哎——哥哥要忘行船跑马遭雷轰！

手扶栏杆口叹十一声，干哥哥不要气坏之心，
栀子开花心里黄，妹妹不忘哥哥的意和情。
干哥哥哎——妹妹要忘十月怀胎见阎王！

手扶栏杆口叹十二声，干妹妹不要诅咒凶，
一切往事休提了，
干妹妹哎——你我同来吃酒划拳散散心。

情　歌

一蹦日头一阵阴，小郎晒子汗淋淋，
大姐看子不过意，送郎一条汗手巾，
把郎揩汗带揸阴。小郎今年二十春，
打起包袱下南京，郎买什么谢姐恩？
一买一包绒花线，二买两包绣花针，
三买水粉擦白脸，四买胭脂点嘴唇，
五买五尺桃红布，六买六尺缎子轻，
七买大红娇二袄，八买八尺紫罗裙，
九买九样金子簪，十买环子拽耳根。
姐绣荷包谢郎恩，荷包只有洋钱大，
里里外外十八层。

一绣文官当堂坐，二绣武官入朝廷，
三绣牵牛来望月，四绣鲤鱼跳龙门，
五绣五福包永祥，六绣南海观世音，
七绣七仙女，八绣吕洞宾，
九绣日头十绣月，把郎绣在正当中。
把郎绣棵青桐树，戴来戴去带遮阴。
荷包不能把先生看，先生看了要打书生。
荷包不能把和尚看，和尚看了要娶亲。
荷包不能把尼姑看，尼姑看了要跟人。
荷包不能把道士看，道士看了不念经。
荷包只有郎来看，郎看妹子记在心。

退　情

小小喜鹊叫喳喳，郎挟雨伞到姐家，
姐端椅子请郎坐，慌忙锅里就烧茶。

三遍清茶都吃了，不见小郎把姐夸，
平时整日都玩耍，今日却要转回家。

叫声姐姐对不起，家中娶了好娇妻，
发赛乌云面赛月，胳肘弯弯赛藕珍，
三寸金莲脚下踩，比我姐姐胜十分。

叫声小哥你听清，路上挖坑坏子心，
烂板搭桥害了姐，灯草烧窑瞎折腾，
你走你的阳关道，我走我的独木桥！

晓星起山一盏灯

晓星起山一盏灯，十八岁大姐标如精，
人人夸我娇儿姐，我为姐姐跑动之心。
走了多少黑夜路，跑了多少冷田埂，
芭茅棵里走成之路，黄土山上跑成之坑。
走在东山鬼又叫，走在西山虎又哼，
豺狼虎豹都不怕，就怕娇姐不开门。
三步并着两步走，两步并着一步冲，
一冲冲到姐门口，娇姐黄狗咬几声，
又咬又叫窜上前，吓得我蹩手蹩脚靠壁跟。
手打蚊子有四两，身上蚂蚁有半斤。
姐听黄狗咬叫声，匆匆忙忙去开门，
左手抢抽门闩扇，右手急挽小郎身，
边把黄狗喝几声，偷牛盗马的贼汉你不咬，
单单咬我娇姐心上人，郎君你赶快进房门。

你在家何时才想起？你在家何时才动身？
你路上是否吃了饭？你路上是否打点心？

你来这里爹娘父母可晓得？你来这里兄弟姐妹可知情？
日出东山我想起，日落西山我动身。
我路上没有吃过饭，我路上没有打点心。
我来这里爹娘父母不晓得，我来这里兄弟姐妹不知情。

娇姐一听这话音，三步两脚迈进厨房门。
手拿米盆去打米，一打打了两三升。
小郎不吃无味饭，干鱼腊肉小锅里烹，
大锅又烧洗澡水，中锅又蒸五碗荤，
凤凰椅子端两个，九龙杯子高脚跟，
镀金桌子玉石脚，象牙筷子排四根。
把郎请在上横坐，妹在下横把酒斟，
陪郎慢慢喝着酒，陪郎吃饭带谈心。

茶山情歌

小郎今年二十三，家住桐城杨树湾。
年年有个清明节，清明谷雨上茶山。

茶山有个茶小姐，陪郎吃饭陪郎玩。
日里陪郎共茶采，夜里陪郎共一单。

小小茶树矮墩墩，郎掰茶桠叹一声。

娇姐猜他心中事，先把言语表分明。

一叹山高茶难采？二叹我洗衣浆裳不够清？
三叹姐姐我相貌丑？四叹姐姐我是远方人？

小郎一听姐姐音，忙把话儿来辩清。
我一叹高山茶难采，二叹家中老母亲，
三叹妻儿悬悬望，四叹回家无盘缠，
这些苦衷说出来，娇姐莫要怪好人。

叫声小郎你好孬，你的盘缠姐办了，
茶叶蒌子有两个，谷雨尖子数数包，
毛竹扁担办一条，我郎回家一担挑。

日头起山一片红，姐送小郎出龙门，
沿途都是画样景，游玩观赏哪有心？

小小茶树开白花，采茶哥哥要回家，
娇姐心酸泪一滴，转身忙把泪水擦。

小小茶树白花开，姐采二茶郎再来，
但愿郎君早动身，与郎山上乐开怀。
路上莫急慢慢行，歇不到后庄歇前庄，

前庄有个乌鱼塘，郎君早起到青阳，
青阳有个五里墩，郎君早起到大通，
大通有个荷叶洲，郎君早起到汤沟，
汤沟有个杨树湾，就归心似箭回到家。

茶山情歌（版本二）

小郎今年二十三，一心思想上茶山，
茶山高头茶小姐，陪郎吃饭陪郎玩。
日里陪郎把茶摘，晚上陪郎睡一单，睡一单——

小小茶树矮墩墩，手扳茶桠叹一声，
一叹高山茶难摘，二叹家中老母亲，
三叹妻子悬悬望，四叹回家无盘缠，无盘缠——

二十小郎你好孬，你的盘缠姐办了，
铜钱办了几十吊，谷雨尖子数数包，
小小茶篓办两个，毛竹扁担办一条，
把郎回家一担挑，一担挑——

小小茶树开白花，小郎一心想回家，
姐在房中咽咽哭，二十娇姐你好孬，
姐摘二茶郎来了，郎来了——

毛竹扁担两头翘，把郎回家过沟过阙别磨子腰。
我送郎送到小柜边，我拿鞋袜给郎穿。
我送郎送到衣架边，我拿衣裳给郎穿。
我送郎送到箱子边，我打开箱子数洋钱。
我送郎送到房门口，一把挽子我郎的手。
我送郎送到厨房边，我鸡蛋炒饭搭郎尖。
我送郎送到乌鱼塘，郎君早起到青阳，
我送郎送到五里墩，郎君早起到大通，
我送郎送到荷叶洲，郎君过江到汤沟，
汤沟有个杨树湾，就到了我郎君的家。

五更鼓儿响当当

一更鼓儿夜茫茫，碰到门套响当当，
娘问女儿什么响，风吹门套响当当。

二更鼓儿夜茫茫，推开门闩响当当，
娘问女儿什么响，猫逼老鼠上屋梁。

三更鼓儿夜茫茫，打开橱柜响当当，
娘问女儿什么响，头痛犯胃拿生姜。

四更鼓儿夜茫茫，脚踩踏板响当当，

娘问女儿什么响，鞋子落在踏板上。

五更鼓儿夜茫茫，动得床档响当当，
娘问女儿什么响，翻身碰了床后档。

送郎

送郎起到床里边，顺手摸出几吊钱，
小郎莫要嫌钱少，给郎打酒买黄烟，
马马虎虎管一年。

送郎坐到床外边，摸不到衣服不要怨，
奴的衣衫双排扣，郎的衣衫反托肩，
用手一摸知哪件。

送郎站上踏板边，找不到鞋儿不要怨，
郎的鞋儿圆头子，奴的鞋儿柳叶尖，
明明鞋儿放两边。

送郎来到窗子边，打开窗子望望天，
指望老天下大雨，哪知无雨是蒙烟，
心想留郎也枉然。

送郎送到房门边，郎摸门闩好半天，
奴家只是掩嘴笑，房门一边有暗栓，
抽出左尖抽右尖。

送郎送上厨房边，搞点吃的搭郎尖，
家里还有小麦粉，做锅耙儿香油煎，
不知小郎可稀罕。

送郎送到二堂中，迎头遇上小叔公，
叫声叔公莫多嘴，做双棉鞋你过冬，
不在人前嚼舌根。

送郎送到大门厅，两边门神笑吟吟，
问声门神笑什么，笑你二人好福星，
千里迢迢来相逢。

送郎送到屋外边，大黄狗儿困街沿，
奴把罗裙遮狗眼，顺手招招郎上前，
免得狗咬人看见。

送郎送到稻场西，蒙沙小雨也湿衣，
一面为郎撑开伞，一面为郎来扎衣，
出外不像在家里。

送郎送之过小河，千言万语劝情哥，
劝哥莫在花街走，花街女子坏的多，
只为银钱不为哥。

送郎送到桂花窠，桂花窠里桂花多，
摘支桂花郎带上，一路闻香莫想我，
平常日子好好过。

前头就是小山边，劝郎赌博莫沾边，
你赢我来我赢你，好朋好友却成冤，
带上家人受牵连。

赌博场上无情义，亲朋父子也枉然，
输掉银钱无路走，偷盗成性上贼船，
好日子不过蹲大监。

送郎送到小桥东，回家孝顺父母亲，
十月怀胎娘受苦，三年哺育几多辛，
儿女不孝五雷轰。

送郎送到大山坡，真心实意劝情哥，
回家切切莫贪耍，勤劳发狠做田活，
黄稻满仓笑哈哈。

勿听富贵由天定，穷富由人是真言，
世间唯有劳动好，苦尽甘来水也甜，
不愁吃来不愁穿。

十条手巾

一条手巾百线挑，百线包包挎郎腰。
手巾虽破绒线在，千条丝线妹难绕。

二条手巾二两纱，宝蓝褂子拥团花。
一天拿出看几遍，小郎莫忘我奴家。

三条手巾三尺三，手巾上绣白牡丹。
牡丹绣在荷包上，看花容易绣花难。

四条手巾绣四方，金盆打水亮汪汪。
山城东边郎连姐，山城西边姐连郎。

五条手巾五色云，绣郎立在彩云中。
一龙起水水塘满，五龙起水一场空。

六条手巾绣朵花，送给小郎到婆家。
舅母拿给小姑看，哪家姑娘绣好花？

七条手巾绣金桥，金桥绣起七尺长。
愿你小郎桥上过，做个牛郎过鹊桥。

八条手巾八拐方，八个茶盏摆中央。
中堂外面差小姐，中堂里面差小郎。

九条手巾绣九江，九江风起起波浪。
有朝一日过江河，手巾变龙送我郎。

十条手巾绣起来，绣个山伯祝英台。
英台难舍梁山伯，我与小郎难分开。

八两对半斤

青竹篮子紫竹筋，娇姐输嘴不输身，
娇姐墙头高万丈，娇姐屋多万道门，
娇姐人多千只眼，娇姐犬多能咬人。
前门晚上万道锁，后门又有绊门绳，
筛子筛灰撒踏板，大红帐里挂响铃，
谁做神仙也摸不到姐的身。

心爱的姐姐郎的人，郎把话儿说给你听。
不怕姐屋高万丈，不怕屋多万道门，

姐姐人多好搭话，姐姐犬多不咬人。
前门扭开万道锁，后门割断绊门绳，
轻轻端掉灰踏板，大红帐里裹响铃，
我做神仙撩姐的身。

捏姐一把姐不醒，捏姐二把姐哼哼，
三把头上伸懒腰，四把过去姐翻身。

是不是房里出妖怪？妖怪来了要人命。
是不是来了偷牛贼？是不是公婆暗试姐的心？
是不是邻里那个念书人，念书人来了害己又害人。
你要害人我爷晓得，他要拿刀杀房人，
你要害人我婆晓得，她要拿剪刀挖眼睛，
你要害人我哥晓得，他要递状子进衙门，
衙门的官司打得成。

不管你爷晓得不晓得，我不怕他拿刀杀房人，
不管你婆晓得不晓得，我不怕她拿剪子挖眼睛，
不管你哥晓得不晓得，我不怕他拿状子进衙门，
衙门的这场官司打不成。

心爱的哥哥姐的人，有胆有量称姐心，
再要你办几件费心事，看你办成办不成，

天上浮云要四两，癞癞姑胡须要半斤，
九霄明月要一个，月中桂枝要一根，
三尊大佛要一座，观音娘娘要一尊，
再要个八两对半斤。

心爱的姐姐郎的人，你要办的事儿不费劲，
天上浮云粉四两，玉米胡须备半斤，
九霄明月镜一把，月中桂枝簪一根，
三尊大佛即是我，观音娘娘姐的身，
再要的就是我俩相合八两对半斤。

十里亭

自从盘古开天地，三皇五帝到如今。
前朝事情说不尽，单表今朝十里亭。
南亭有个李员外，五男二女七夫人，
生下大女李秀英，生下小女李秀琴。

时光正是春三月，桃红柳绿动人心，
东面桃花红似火，西面杨柳绿成荫，
小郎在家无事做，为沐春风放风筝。
风筝落在花园里，看见娇姐李秀琴，
生得不高又不矮，眉清目秀爱坏人，

头发乌乌辫子黑，耳环闪亮坠耳根，
一朵红花头上戴，金钗插得两边分，
面如荷花初出水，白里透红细肉嫩，
手夹子好似当年藕，十指尖尖赛藕针，
绸带飘飘分左右，八宝罗裙扫地行，
三寸金莲脚下踩，端端正正尖生生，
走路犹如风摆柳，坐着恰似观世音。

左思右想无巧计，趁着夜色硬上门。
一程走到山冈上，二程走在水田中，
三程到了姐家门，轻轻翻墙闺房进。

轻丝罗帐无声息，娇姐一人睡得沉。
伸手一把摸姐身，娇姐懵懵梦中从。
摸上二把姐醒了，摸上三把姐翻动，
摸上四把姐爬起，不等五把姐立身。

梦中醒来猛生惊，莫是房里出妖精，
莫是房内有歹人，莫是奸淫犯法人，
是人是鬼早说话，免得吓掉姐的魂。

小郎一听如此话，有请姐姐听原因，
不是房里出妖精，不是房内有歹人。

我是城内读书子，了却心里一片情。
昨日走姐门前过，见姐貌美动了心，
回家时时想着姐，今晚上了姐家门，
不敢高声来叫姐，只好轻步进姐门。

娇姐一听如此话，手指小郎骂几声，
把你当作偷牛贼，送到法堂受罪名，
你今快快回家转，免得招灾祸上身。

小郎被骂无言对，低头半天不作声，
过了多会才启齿，心爱姐姐听分明：
小郎十六无妻子，有妻不求你施情，
千言万语告诉姐，只求姐姐发善心。

娇姐一听如此话，有请小郎学古人，
昔日有个柳下惠，怀抱女子不乱心。
姐比古人郎知道，郎比古人姐听听：
有人学得张香宝，荣华富贵万万春，
月里嫦娥成婚配，牛郎牵上织女心，
四姐配了崔文瑞，七姐下凡嫁董永，
何仙相逢吕洞宾，罗汉伸手摸观音，
三尊大佛泥来做，哪个认得假和真。
一人难买三担假，三人难买一担真。

哪家屋头无烟起，哪家地下无灰尘，
哪人罗裙不扫地，哪家看狗不咬人。
蛇不咬人是黄鳝，蜂不锥人是苍蝇，
郎不撩姐是痴汉，姐不撩人是呆人。
千言万语来劝姐，了却小郎一片心。

娇姐一听如此话，心里不由热滚滚，
我若不准郎的意，枉费小郎一片情。
叫声情哥莫忧心，燕子衔泥口要紧，
口含黄连声不吭，切勿败坏姐名声。
三朋四友少说姐，亲戚六眷少传名，
倘若谈论姐知道，快刀切藕断私情。
麻布开剪两边分，油包灯草烧掉心。
如若依姐这些话，四季无雨天天晴。
叫声情哥坐床上，今夜留郎到天明。

春宵一刻时间短，不知不觉到五更，
忽听金鸡三遍叫，娇姐一听就起身。
大红纱巾拦腰系，备上酒席来送行。
牵郎走进厨房门，端张椅子郎坐定。
姐办酒席谢郎情，盘中佳肴样样真，
油煎豆腐热腾腾，三杯酒儿陪郎饮。
郎吃三杯脸桃红，姐吃三杯柳眉清。

二人恩爱不长久，只怨前生少修行。
露水夫妻偶然配，一夜夫妻百日恩。
二人都要望得远，千世修来共枕人。
劝郎回家莫想姐，想姐难上你家门。
要想说些私情话，喉咙哽哽了却心。
眼泪汪汪难舍分，有情人送有情人。
小郎离家十五里，送郎十里转回程。
送郎送到一里亭，一里亭上劝亲人：
劝郎回家孝父母，不孝父母孝何人？
你娘怀你十个月，时时刻刻都担心。
日里担心算不了，夜里担心到五更。
一尺三寸生下你，如在棺材翻个身。
床外湿了床里困，床里湿了睡娘身。
打开寒冰洗屎片，十指冻得青紫红，
拿在嘴边哈哈气，拿在怀里焐一晕。
当家才知柴米贵，养儿才晓父母恩。
父是天来母是地，父母恩情海样深。
姐把言语相劝你，望请哥哥记在心，
你若不听奴家话，白费奴家一片心。

送郎送到二里亭，二里亭上劝亲人：
劝郎银钱莫浪费，积少成多娶头亲。
娶亲要娶黄花女，莫把银钱买再婚，

娶亲自要亲自看，不能只听信媒人，
媒人好比馋猫嘴，骗吃骗喝带骗人，
三分人貌说七分，七分人貌报观音，
孬头粗脚败家女，挺胸抹肚煞夫人，
弯弯眉毛好像姐，有福有寿有子孙，
姐把言语相劝你，望请哥哥记在心，
你若不听奴家话，白费奴家一片心。

送郎送到三里亭，三里亭上劝亲人：
劝郎弟兄要和气，不要打架把家分，
弟兄三个一条心，脚下黄土变成金，
弟兄三个三条心，万贯家财不够分，
打架还是亲兄弟，打战要出父子兵，
姐把言语相劝你，望请哥哥记在心，
你若不听奴家话，白费奴家一片心。

送郎送到四里亭，四里亭上劝亲人：
劝郎姨妹要和气，不要歧视当外人，
一个螺蛳一条路，哪有姨妹靠哥兄，
哥打妹子看母面，不看鱼情看水情，
十指伸出有长短，荷花出水高低分，
千丛竹子一条笋，花开万朵共条根，
姐把言语相劝你，望请哥哥记在心，

你若不听奴家话，白费奴家一片心。

送郎送到五里亭，五里亭上劝亲人，
隔壁邻居要和气，大事小事莫记心，
隔壁邻居要和好，借钱借物不求人，
邻里吵嘴要相劝，莫要搬嘴两头奔，
远亲不如隔壁邻，隔壁不如紧对门，
孩子打架往家拉，鸡猪抢食往家轰，
姐把言语相劝你，望请哥哥记在心，
你若不听奴家话，白费奴家一片心。

送郎送到六里亭，六里亭上劝亲人：
回家坐船坐舱里，莫在船头上面蹲，
恐怕浪来打下水，又怕船主起歹心，
若是一篙搅下水，害郎性命在江中，
姐妹当你回家去，父母当你外面行，
高堂祖母悬悬望，少年妻子靠何人，
姐把言语相劝你，望请哥哥记在心，
你若不听奴家话，白费奴家一片心。

送郎送到七里亭，七里亭上劝亲人：
劝郎回家庄稼做，吃喝玩乐莫当真，
玩耍不得柴米盐，吃喝不得米半升，

篦子里面出乌云，锄头底下出黄金，
亲眷朋友去串门，三年一趟不为少，
田里地里看庄稼，一天三次不为多，
姐把言语相劝你，望请哥哥记在心，
你若不听奴家话，白费奴家一片心。

送郎送到八里亭，八里亭上劝亲人，
劝郎打架莫要去，烟花院里莫要行，
打架好比进刑场，窑姐就像死人亭，
多少青年被殴死，坑害多少青年人，
姐把言语相劝你，望请哥哥记在心，
你若不听奴家话，白费奴家一片心。

送郎送到九里亭，九里亭上劝亲人，
订秤要定十六两，量斗要量足十斤，
莫要相信奸商客，小斗小秤做小人，
姐把言语相劝你，望请哥哥记在心，
你若不听奴家话，白费奴家一片心。

送郎送到十里亭，十里亭上劝亲人，
本当送郎二十里，十里路上转回程，
有请哥哥原谅姐，鞋大脚小足难行，
头上扯下金钗来，见姐金钗见姐身，

双手送郎绣荷包，荷包包着十两银，
郎带身上莫饿肚，郎带身上做盘缠，
郎走三步两回头，姐退三步泪痕痕，
此时相别何时见，盼望哥哥早回门，
姐把言语相劝你，望请哥哥记在心，
你若不听奴家话，白费奴家一片心。

杀鸡谣

小鸡小鸡嗯（你）莫怪，你是养家一碗菜，
糠箩跳到米箩里，脱了毛衣穿布衣，
下辈子投个好人胎。

男到一十八

男到一十八，屙尿用手捺，
不捺就要飙出一丈八；
男到五十来，屙尿用手抬，
不抬就要屙湿之鞋。

摇篮曲

（一）

小狗困觉要人摇，我摇小狗困觉觉。

一会哭，一会笑，
花狗来做媒，黑狗来抬轿，
抬我小狗困觉觉。

（二）

小公鸡，不要叫，小花猫，不要跳，
小狗不哭了，小狗要困觉。

（三）

娘的肉，娘的心，心肝宝贝真疼人。
不糊屎，不来尿，干干净净困觉觉。
困觉觉，困着了。

儿子穿了老子衣

儿子穿了老子衣，老子后面笑嘻嘻。
女儿穿了娘的裙，娘在后面哭哼哼。

（儿子长大可以干事了，女儿长大要离开家了。）

小卖铃铃真是怪

小卖铃铃（货郎）真是怪，
牙膏皮，塑料袋，一天能搞四五块，
打点酒，炒点菜，叽吧（嘴巴）七（吃）之油耐耐。

丰收歌

泼（拍）大体（腿），唱小调，又有棉花又有稻，
又有花生六谷炮，又有洋钱换小钞。
园里的菜，青扑扑，圈里的猪，
肥独独，
塘里的鱼，就么忽，跟年过年有的七（吃）。

（六谷炮：炒熟的玉米粒。肥独独：肥嘟嘟。跟年：今年。）

穷人港（讲）大话

大雪纷纷下，穷人港（讲）大话：
柴在床肚里（床底下），米在升子里，
酒盅里面装油盐，不怕大雪落几年。

出嫁哭

山边的姑娘往河边哭，舍不得马柴煮好粥；
河边的姑娘往山里哭，舍不得乌鱼脸上两块肓（肉）。

饭店伙计谣

前生打老子骂娘，今生来跑堂，
吃的是锅巴冷饭，困的是八脚摇床（指两张饭桌搭的铺）。

反唱歌

反唱歌，倒起头，家婆院里菜吃牛，
姐姐在家头梳手，听见外面人咬狗，
捡起狗头砸石头，反被石头咬了狗，

我从来不唱扯谎歌，扯起谎来没带箩，
娘十三，姐十四，哥哥十五我十六，
娘养哥哥我煮粥，我同哥哥看家婆，
家婆还在摇窠里哭。

去年看见牛生蛋，转来看见骡爬窠，
看见板凳爬上子屋，看见灯草突（掉）下来打碎子锅，
樟树窿里泥鳅叫，瓦屋檐上鲤鱼窝，
撑船上山打豆子，骑马河里捡秋螺，
捡个秋螺三斤半，挑出肉来九斤多，
外面盛了三大碗，家里还有半四锅。

民歌曲谱

（一）历史民歌

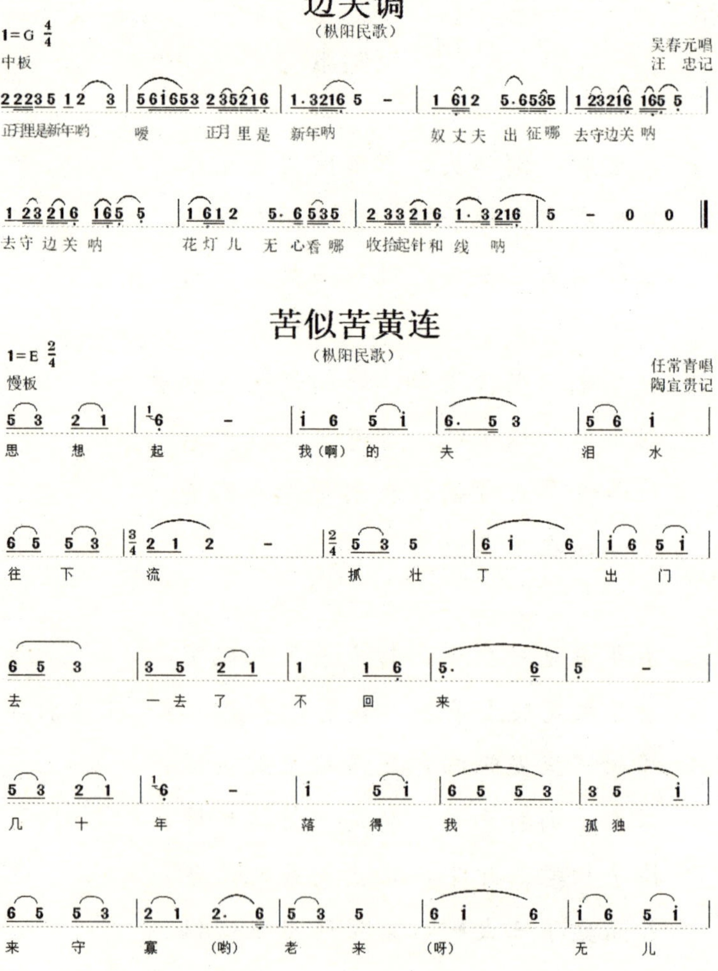
边关调
（枞阳民歌）
1=G 4/4
中板
吴春元唱
汪　忠记
正月里是新年哟 嗳 正月里是 新年呐 奴丈夫 出征哪 去守边关呐
去守边关呐 花灯儿 无心看哪 收拾起针和线 呐
苦似苦黄连
（枞阳民歌）
1=E 2/4
慢板
任常青唱
陶宜贵记
思 想 起 我（啊）的 夫 泪 水
往 下 流 抓 壮 丁 出 门
去 一 去 了 不 回 来
几 十 年 落 得 我 孤 独
来 守 寡 （哟） 老 来 （呀） 无 儿

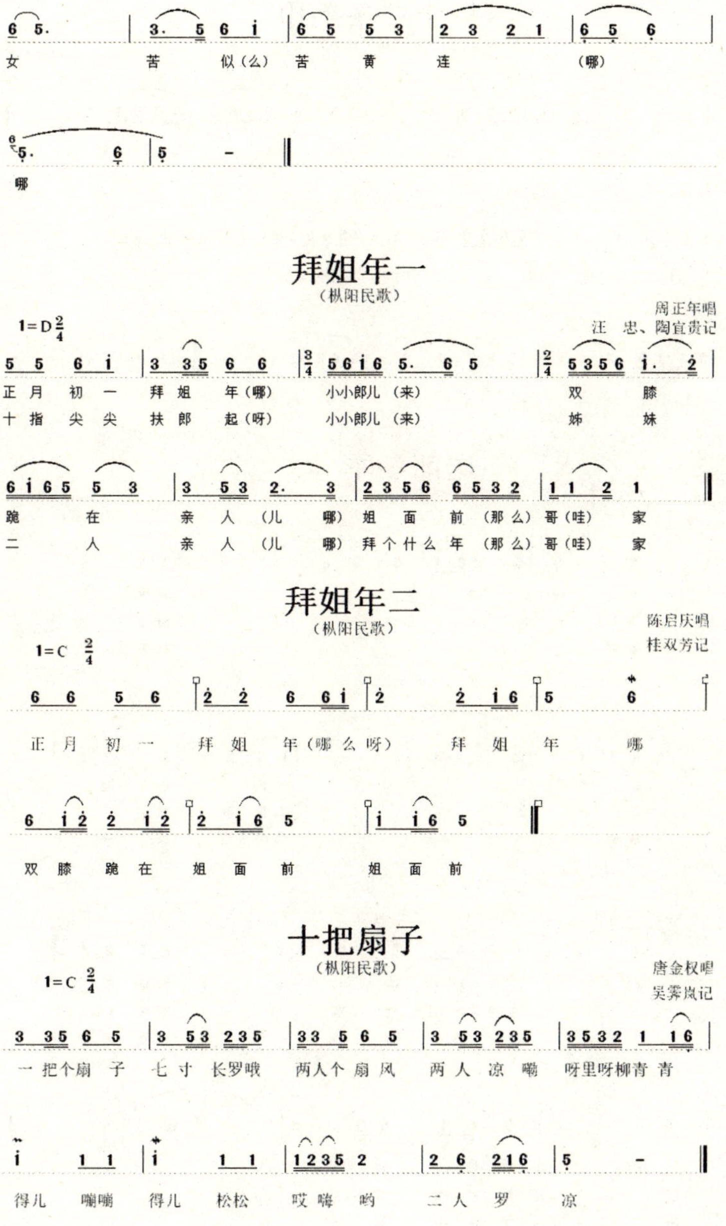

女　苦　似（么）苦　黄　连　（哪）
哪
拜姐年一
（枞阳民歌）
周正年唱
汪　忠、陶宜贵记
1=D 2/4
正月初一　拜姐年（哪）　小小郎儿（来）　双　膝
十指尖尖　扶郎起（呀）　小小郎儿（来）　姊　妹
跪　在　亲人（儿　哪）姐　面　前（那么）哥（哇）　家
二　人　亲人（儿　哪）拜个什么年（那么）哥（哇）　家
拜姐年二
（枞阳民歌）
陈启庆唱
桂双芳记
1=C 2/4
正月初一　拜姐　年（哪么呀）　拜　姐　年　哪
双膝　跪在　姐　面　前　姐　面　前
十把扇子
（枞阳民歌）
唐金权唱
吴霁岚记
1=C 2/4
一把个扇　子　七寸　长罗哦　两人个扇风　两人凉　嘞　呀里呀柳青青
得儿　嘣嘣　得儿　松松　哎嗨　哟　二人罗　凉

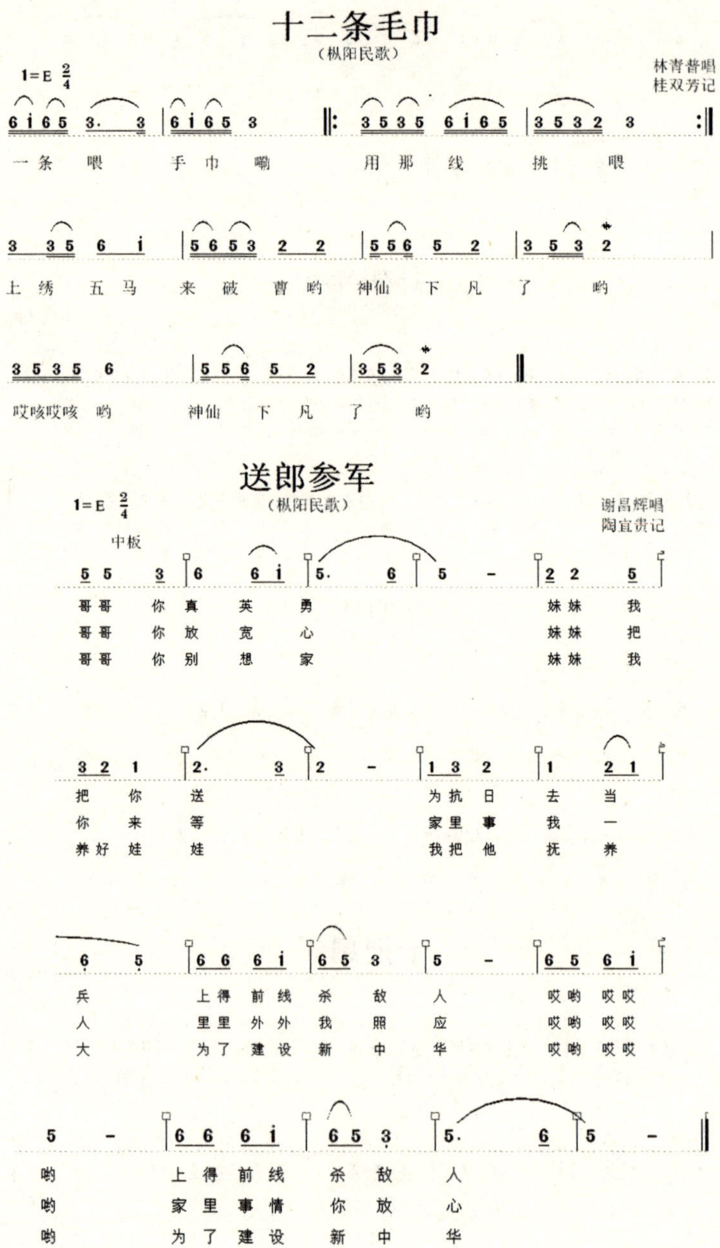
十二条毛巾
（枞阳民歌）
1=E 2/4
林青普唱
桂双芳记
一条 喂 手巾 嘞 用那线 挑 喂
上绣 五马 来破 曹哟 神仙 下 凡 了 哟
哎咳哎咳 哟 神仙 下 凡 了 哟
送郎参军
（枞阳民歌）
1=E 2/4
谢昌辉唱
陶宜贵记
中板
哥哥 你真 英 勇 妹妹 我 把 你 送 为抗 日 去 当 兵 上得前线 杀 敌 人 哎哟 哎哎 哟 上得前线 杀 敌 人
哥哥 你放 宽 心 妹妹 把 你 来 等 家里 事 我 一 人 里里外外 我 照 应 哎哟 哎哎 哟 家里事情 你 放 心
哥哥 你别 想 家 妹妹 我 养好 娃 娃 我把 他 抚 养 大 为了 建设 新 中 华 哎哟 哎哎 哟 为了建设 新 中 华

妇女歌

（枞阳民歌）

1=A $\frac{2}{4}$
中板

谢泽宗唱
陶宜贵记

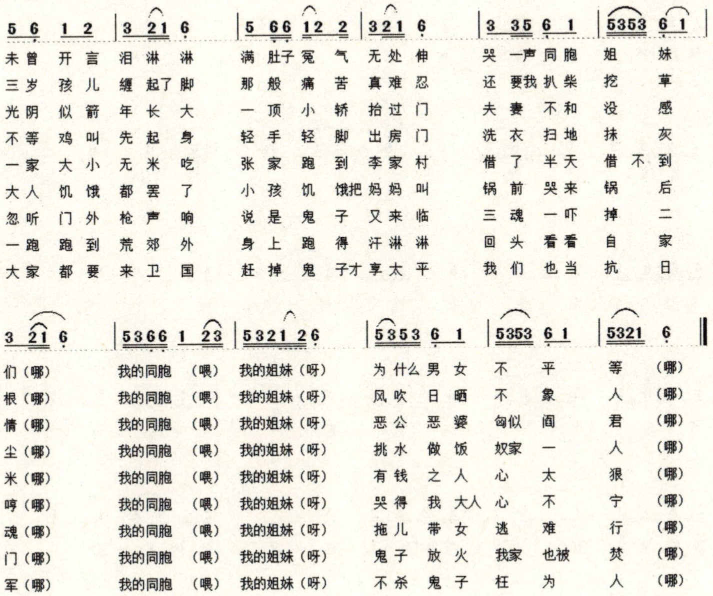

5 6 1 2 | 3 21 6 | 5 66 12 2 | 321 6 | 3 35 6 1 | 5353 6 1 |

未曾开言泪淋淋　满肚子冤气无处伸　哭一声同胞姐妹
三岁孩儿缠起了脚　那般痛苦真难忍　还要我扒柴挖草
光阴似箭年长大　一顶小轿抬过门　夫妻不和没感
不等鸡叫先起身　轻手轻脚出房门　洗衣扫地抹灰
一家大小无米吃　张家跑到李家村　借了半天借不到
大人饥饿都罢了　小孩饥饿把妈妈叫　锅前哭来锅后
忽听门外枪声响　说是鬼子又来临　三魂一吓掉二
一跑跑到荒郊外　身上跑得汗淋淋　回头看看自家
大家都要来卫国　赶掉鬼子才享太平　我们也当抗日

3 21 6 | 5366 1 23 | 5321 26 | 5353 6 1 | 5353 6 1 | 5321 6 ‖

们（哪）　我的同胞（喂）我的姐妹（呀）　为什么男女不平等（哪）
根（哪）　我的同胞（喂）我的姐妹（呀）　风吹日晒不象人（哪）
情（哪）　我的同胞（喂）我的姐妹（呀）　恶公恶婆匈似阎君（哪）
尘（哪）　我的同胞（喂）我的姐妹（呀）　挑水做饭奴家一人（哪）
米（哪）　我的同胞（喂）我的姐妹（呀）　有钱之人心太狠（哪）
哼（哪）　我的同胞（喂）我的姐妹（呀）　哭得我大人心不宁（哪）
魂（哪）　我的同胞（喂）我的姐妹（呀）　拖儿带女逃难行（哪）
门（哪）　我的同胞（喂）我的姐妹（呀）　鬼子放火我家也被焚（哪）
军（哪）　我的同胞（喂）我的姐妹（呀）　不杀鬼子枉为人（哪）

（二）小调

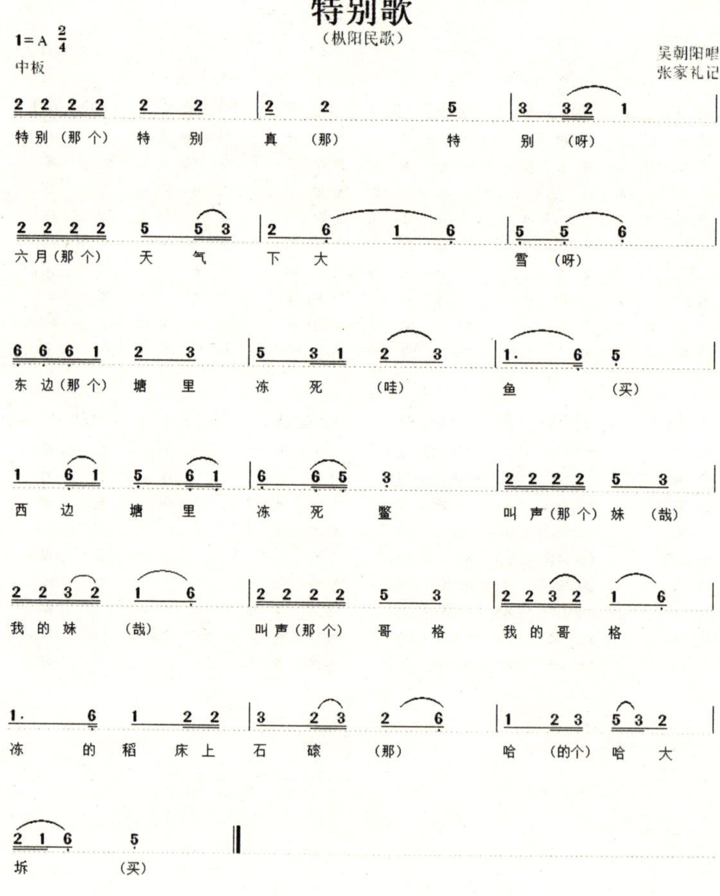
特别歌
（枞阳民歌）
1＝A 2/4
中板
吴朝阳唱
张家礼记
特别（那个）特 别 真（那） 特 别（呀）
六月（那个）天 气 下 大 雪（呀）
东边（那个）塘 里 冻 死 （哇） 鱼 （买）
西 边 塘 里 冻 死 鳖 叫声（那个）妹 （哉）
我的妹 （哉） 叫声（那个）哥 格 我的哥 格
冻 的 稻 床上 石 磙 （那） 哈 （的个）哈 大
坼 （买）

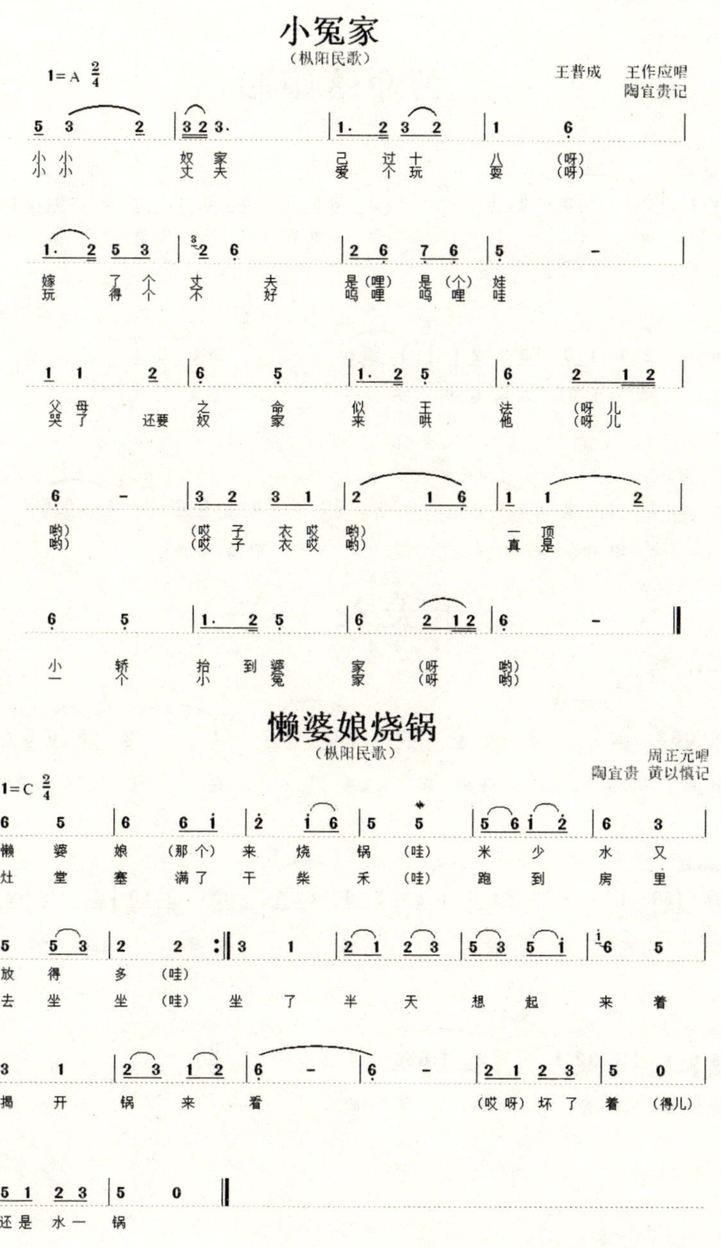
小冤家
（枞阳民歌）
1=A 2/4
王普成　王作应唱
陶宜贵记
小小奴家己过十八（呀）
小小丈夫爱个玩耍（呀）
嫁了个丈夫是（哩）是（个）娃
玩得个不好呜哩呜哩哇
父母之命似王法（呀儿
哭了还要奴家来哄他（呀儿
哟）（哎子衣哎哟）一顶
哟）（哎子衣哎哟）真是
小轿抬到婆家（呀哟）
一个小冤家（呀哟）
懒婆娘烧锅
（枞阳民歌）
周正元唱
陶宜贵　黄以慎记
1=C 2/4
懒婆娘（那个）来烧锅（哇）米少水又
灶堂塞满了干柴禾（哇）跑到房里
放得多（哇）
去坐坐（哇）坐了半天想起来着
揭开锅来看（哎呀）坏了着（得儿）
还是水一锅

苦命落娘胎

（枞阳民歌）

1=C $\frac{2}{4}$

吴 明唱
陶宜贵记

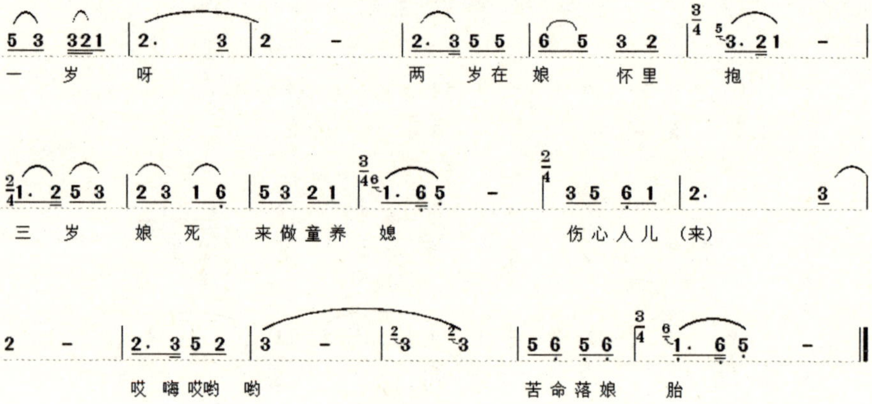

5 3 321 | 2· 3 | 2 – | 2· 3 5 5 | 6 5 3 2 | $\frac{3}{4}$ 3· 21 – |

一 岁 呀 两 岁在 娘 怀里 抱

$\frac{2}{4}$ 1· 2 5 3 | 2 3 1 6 | 5 3 2 1 | $\frac{3}{4}$ 1· 6 5 – | $\frac{2}{4}$ 3 5 6 1 | 2· 3 |

三 岁 娘 死 来做童养 媳 伤心人儿（来）

2 – | 2· 3 5 2 | 3 – | 3 3 | 5 6 5 6 | $\frac{3}{4}$ 1· 6 5 – ‖

哎 嗨哎哟 哟 苦命落娘 胎

玉美人

（枞阳民歌）

1=G $\frac{2}{4}$

周普修唱
陶宜贵记

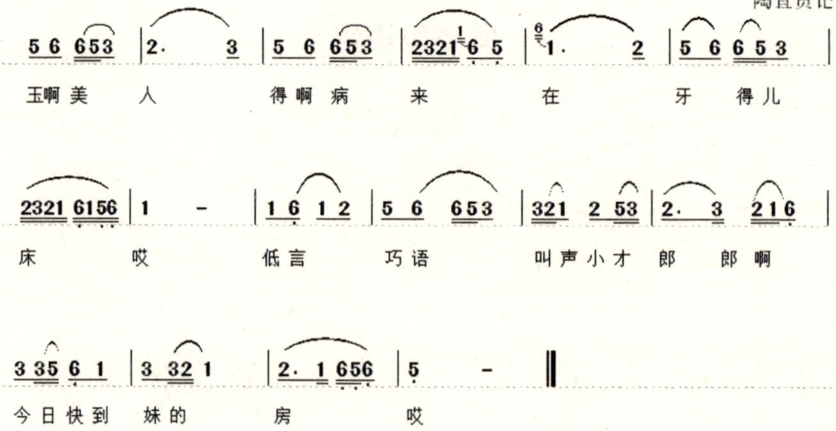

5 6 653 | 2· 3 | 5 6 653 | 2321 6 5 | 1· 2 | 5 6 6 5 3 |

玉啊美 人 得啊病 来 在 牙 得儿

2321 6156 | 1 – | 1 6 1 2 | 5 6 653 | 321 2 53 | 2· 3 216 |

床 哎 低言 巧语 叫声小才 郎 郎啊

3 35 6 1 | 3 32 1 | 2· 1 656 | 5 – ‖

今日快到 妹的 房 哎

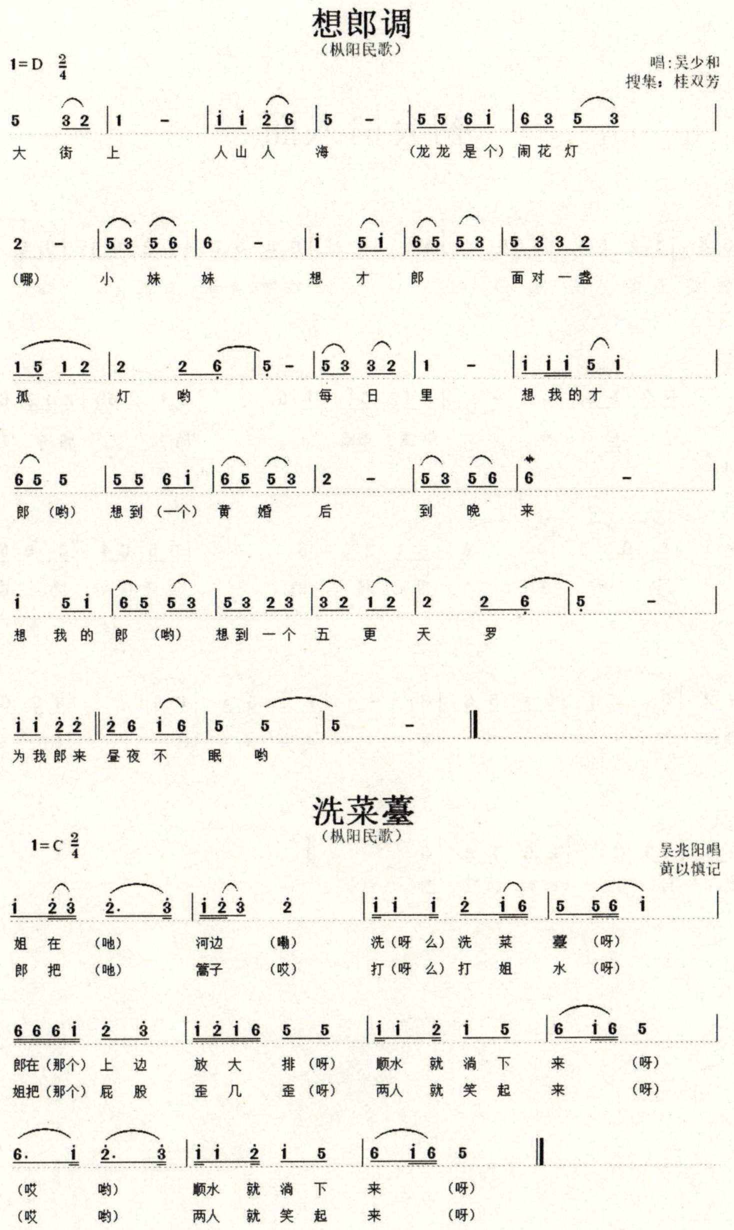
想郎调
（枞阳民歌）
1=D 2/4
唱:吴少和
搜集：桂双芳
大街上 人山人海 （龙龙是个）闹花灯
（哪） 小妹妹 想才郎 面对一盏
孤灯哟 每日里 想我的才
郎（哟） 想到（一个）黄婚后 到晚来
想我的郎（哟） 想到一个五更天罗
为我郎来昼夜不眠哟
洗菜薹
（枞阳民歌）
1=C 2/4
吴兆阳唱
黄以慎记
姐在（吔） 河边（嘞） 洗（呀么）洗菜薹（呀）
郎把（吔） 篙子（哎） 打（呀么）打姐水（呀）
郎在（那个）上边 放大排（呀） 顺水就淌下来（呀）
姐把（那个）屁股 歪几歪（呀） 两人就笑起来（呀）
（哎 哟） 顺水就淌下来（呀）
（哎 哟） 两人就笑起来（呀）

初会情人面

（枞阳民歌）

周善修 张明生唱
陶宜贵 桂双芳记

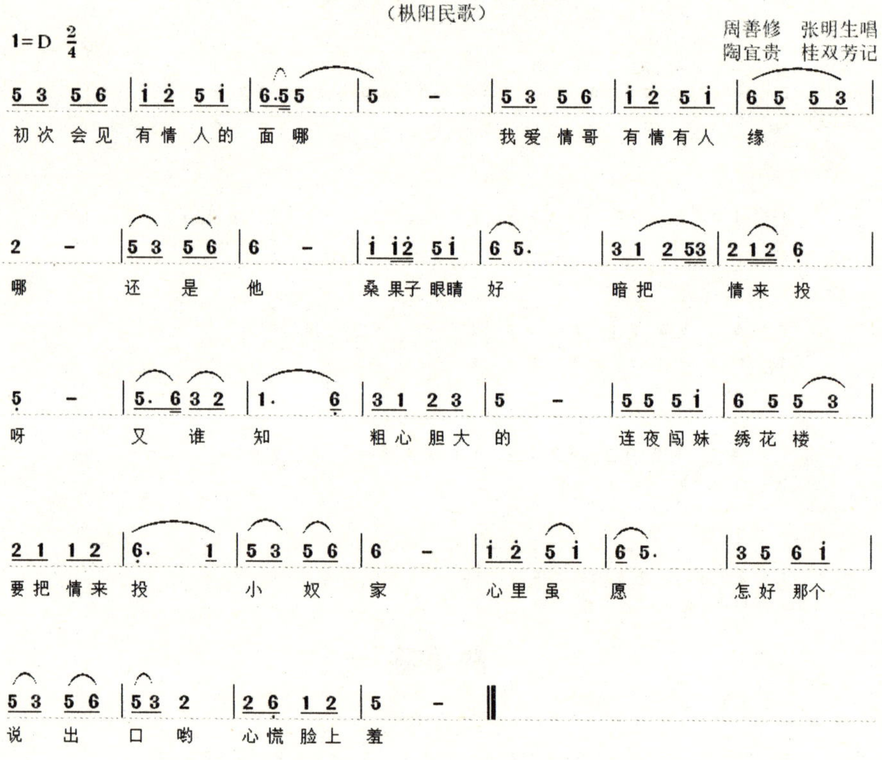

1=D $\frac{2}{4}$

5 3 5 6 | i 2 5 i | 6.5 5 | 5 - | 5 3 5 6 | i 2 5 i | 6 5 5 3 |

初次会见 有情人的 面哪 我爱情哥 有情有人 缘

2 - | 5 3 5 6 | 6 - | i i2 5i | 6 5. | 3 1 2 53 | 2 1 2 6 |

哪 还是他 桑果子眼睛 好 暗把 情来投

5 - | 5. 6 3 2 | 1. 6 | 3 1 2 3 | 5 - | 5 5 5 i | 6 5 5 3 |

呀 又谁 知 粗心胆大 的 连夜闯妹 绣花楼

2 1 1 2 | 6. 1 | 5 3 5 6 | 6 - | i 2 5 i | 6 5. | 3 5 6 i |

要把情来 投 小奴 家 心里虽 愿 怎好那个

5 3 5 6 | 5 3 2 | 2 6 1 2 | 5 - ‖

说出 口哟 心慌脸上 羞

（三）山歌、牛歌、对歌

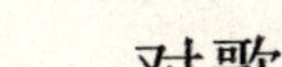

对歌

（点大麦调）

王普成、王作应唱
陶宣贵记

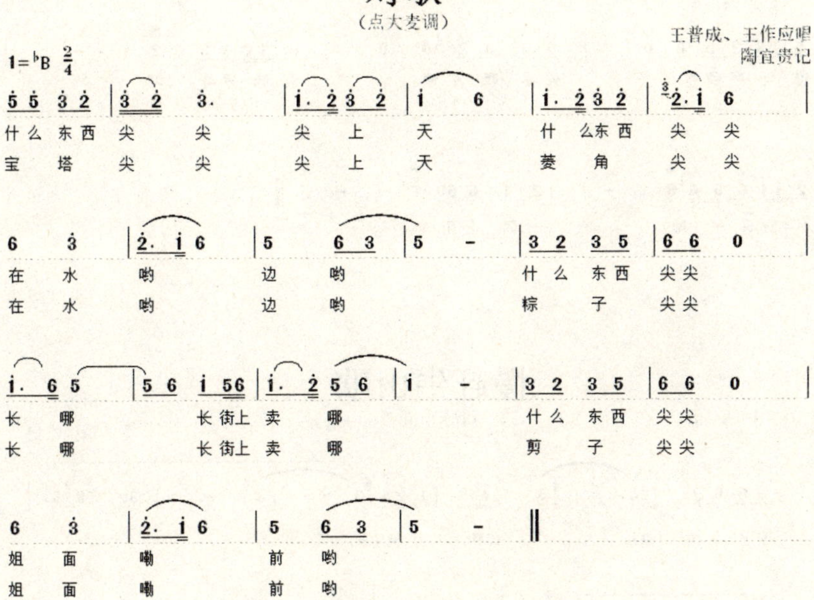

放牛歌

（枞阳民歌）

王自立唱
黄以慎记

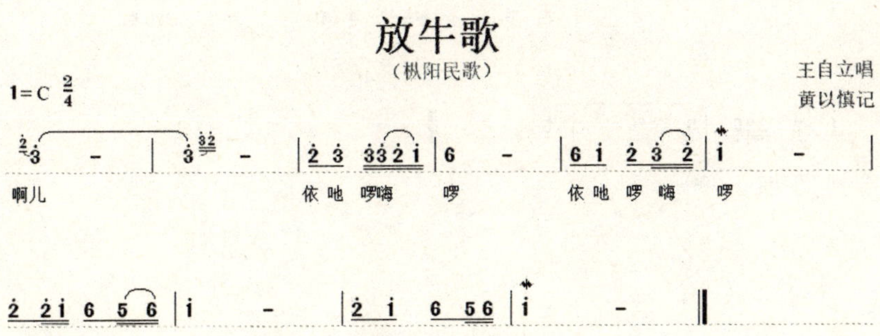

放牛歌

（枞阳民歌）

王自立唱

黄以慎记

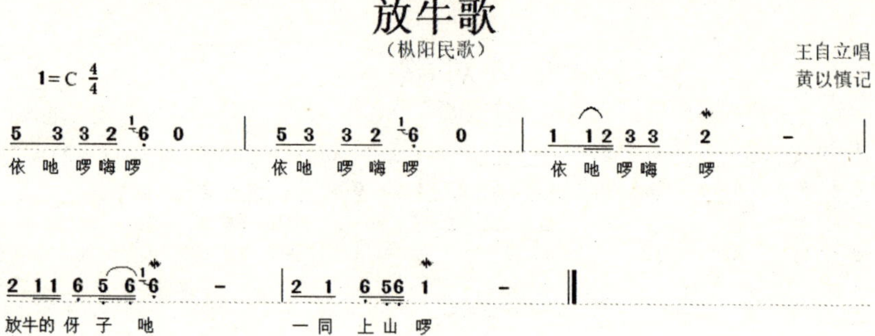

慢赶牛山歌

（枞阳民歌）

田香兰唱

黄以慎记

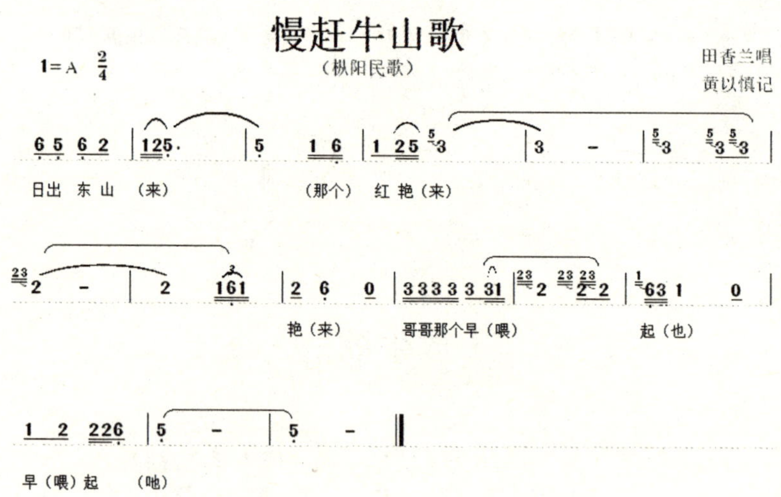

山歌

（枞阳民歌）

王自立唱
黄以慎记

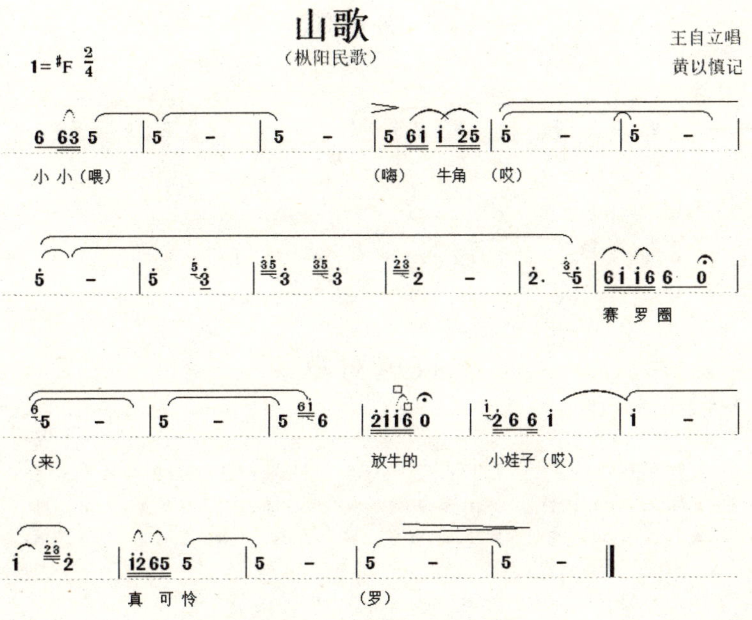

蒙纱小雨东北风

（枞阳民歌）

左友圣唱
孔令军记

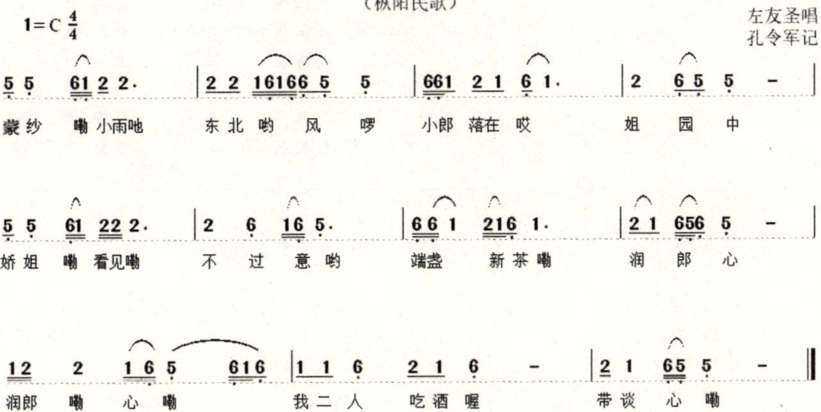

茶山情歌

（枞阳民歌）

吴建平唱
孔令军记

1=A 2/4

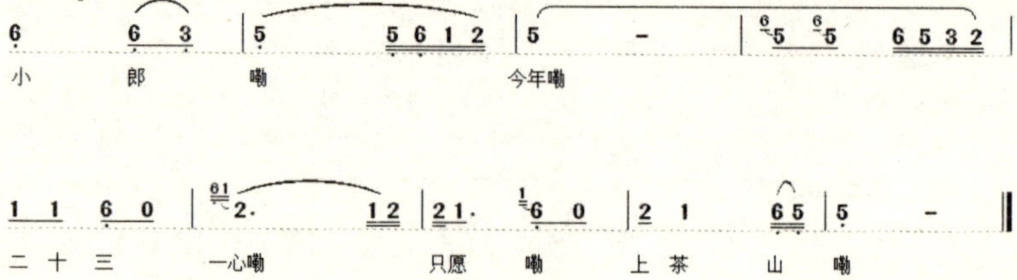
小 郎 嘞 今年嘞
二 十 三 一心嘞 只愿 嘞 上 茶 山 嘞

牧童对歌

（枞阳民歌）

吴秀兰、吴瓦特唱
汪 忠记

1=C 4/4

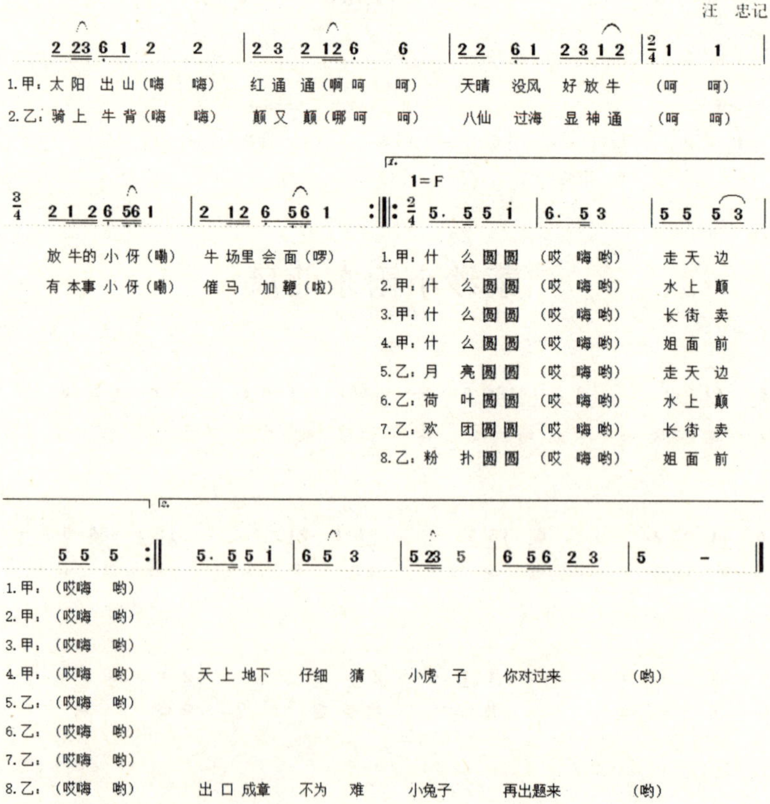
1.甲：太 阳 出 山（嗨 嗨） 红 通 通（啊 呵 呵） 天晴 没风 好 放 牛 （呵 呵）
2.乙：骑 上 牛 背（嗨 嗨） 颠 又 颠（哪 呵 呵） 八仙 过海 显 神 通 （呵 呵）
放 牛的 小 伢（嘞） 牛 场里 会 面（啰）
有 本事 小 伢（嘞） 催 马 加 鞭（啦）
1=F
1.甲：什 么 圆圆 （哎 嗨 哟） 走 天 边
2.甲：什 么 圆圆 （哎 嗨 哟） 水 上 颠
3.甲：什 么 圆圆 （哎 嗨 哟） 长 街 卖
4.甲：什 么 圆圆 （哎 嗨 哟） 姐 面 前
5.乙：月 亮 圆圆 （哎 嗨 哟） 走 天 边
6.乙：荷 叶 圆圆 （哎 嗨 哟） 水 上 颠
7.乙：欢 团 圆圆 （哎 嗨 哟） 长 街 卖
8.乙：粉 扑 圆圆 （哎 嗨 哟） 姐 面 前
1.甲：（哎嗨 哟）
2.甲：（哎嗨 哟）
3.甲：（哎嗨 哟）
4.甲：（哎嗨 哟） 天 上 地下 仔细 猜 小虎 子 你对过来 （哟）
5.乙：（哎嗨 哟）
6.乙：（哎嗨 哟）
7.乙：（哎嗨 哟）
8.乙：（哎嗨 哟） 出 口 成章 不为 难 小兔子 再出题来 （哟）

（四）其他

门歌

1=F $\frac{2}{4}$

佚名
孔祥龙记

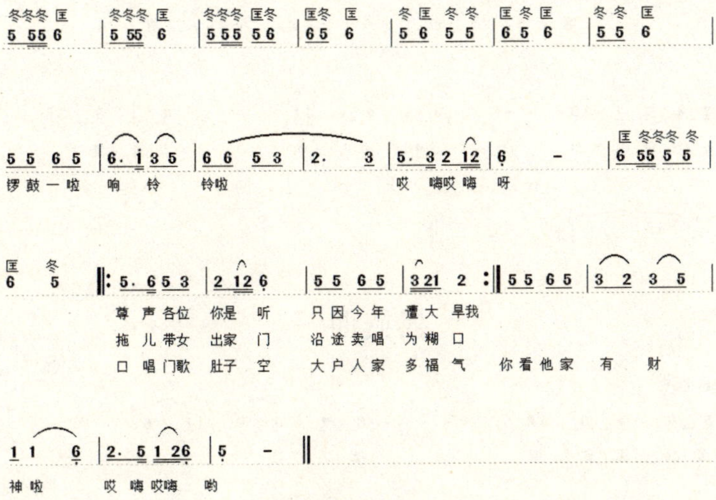

冬冬冬 匡　冬冬冬 匡　冬冬冬 匡冬　匡冬 匡　冬 匡 冬 冬　匡 冬 匡　冬 冬 匡

锣鼓一啦　响　铃　铃啦　哎　嗨哎 嗨　呀

匡 冬冬冬 冬

匡　冬

尊 声 各位　你是　听　只 因 今 年　遭 大　旱我
拖　儿 带女　出家　门　沿 途 卖 唱　为 糊　口
口　唱 门歌　肚子　空　大 户 人 家　多 福　气　你 看 他 家　有　财

神 啦　哎　嗨 哎嗨　哟

卖杂货一

（枞阳民歌）

1=E $\frac{2}{4}$

吴　明唱
陶宜贵记

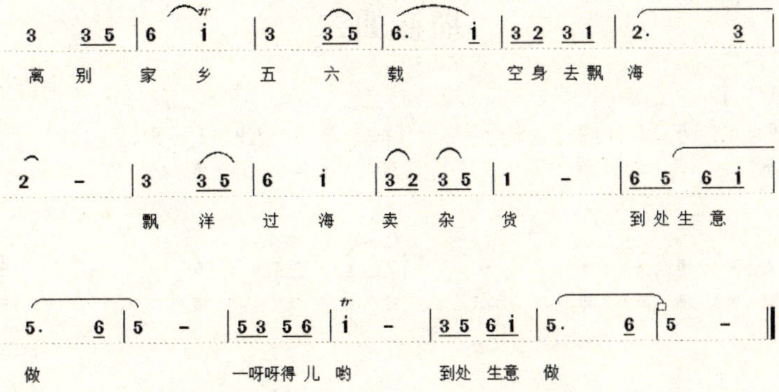

离　别　家　乡　五　六　载　空 身 去 飘　海

飘　洋　过　海　卖　杂　货　到 处 生　意

做　一呀呀得 儿　哟　到处　生意　做

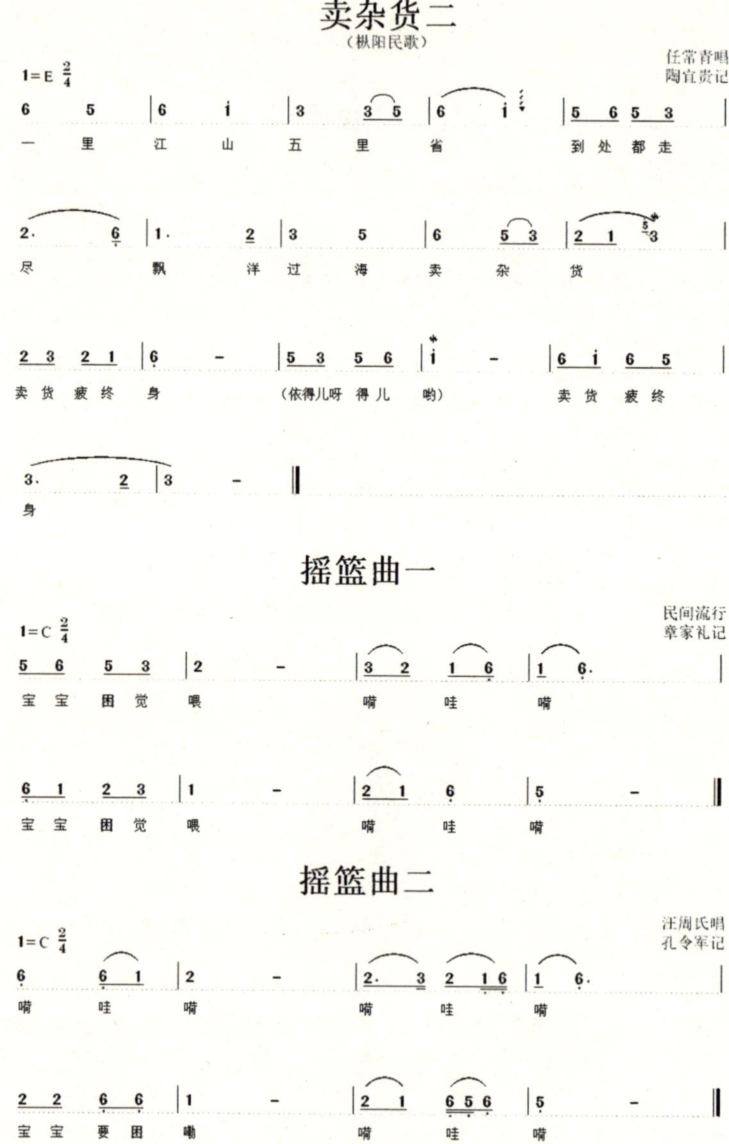
卖杂货二
（枞阳民歌）
任常青唱
陶宜贵记
1=E 2/4
一 里 江 山 五 里 省 到 处 都 走
尽 飘 洋 过 海 卖 杂 货
卖 货 疲 终 身 （依得儿呀 得 儿 哟） 卖 货 疲 终
身
摇篮曲一
民间流行
章家礼记
1=C 2/4
宝 宝 困 觉 喂 嘀 哇 嘀
宝 宝 困 觉 喂 嘀 哇 嘀
摇篮曲二
汪周氏唱
孔令军记
1=C 2/4
嘀 哇 嘀 嘀 哇 嘀
宝 宝 要 困 嘞 嘀 哇 嘀

卖茅柴

1=E $\frac{2}{4}$

吴　明唱
陶宜贵记

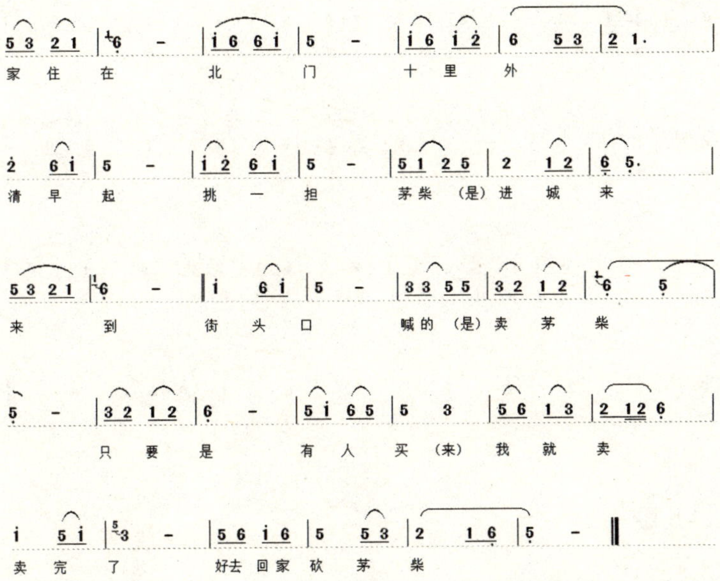

家住在北门十里外

清早起挑一担茅柴（是）进城来

来到街头口喊的（是）卖茅柴

只要是有人买（来）我就卖

卖完了好去回家砍茅柴

赞花一

1=C $\frac{2}{4}$

叶永清唱
桂双芳记

赞山花神仙罗会万人面前摆三

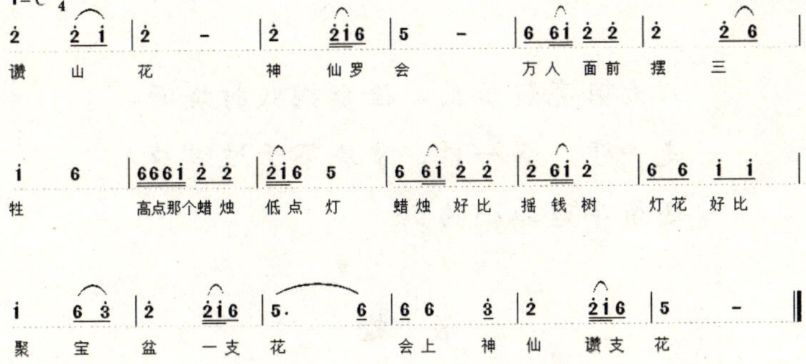

牲高点那个蜡烛低点灯蜡烛好比摇钱树灯花好比

聚宝盆一支花会上神仙赞支花

注：赞花是道士做醮会时，用作对主办醮会者赞福的。

谶花二

高光泽唱
陶宜贵、桂双芳记

1=C $\frac{2}{4}$

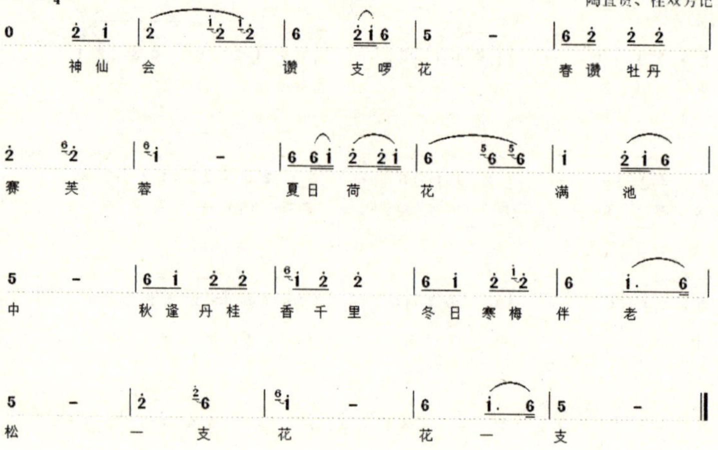

神仙会　谶支呀花　春谶牡丹
赛芙蓉　夏日荷花满池
中　秋逢丹桂香千里　冬日寒梅伴老
松　一支花　花一支

二、儿歌

卖　狗

好大月亮好卖狗，捡个铜钱打烧酒，
走一步，喝一口，拿块茶干过过口，
还留半边养小狗。

数　螺

一螺穷，二螺富，三螺四螺开当铺，
五螺六螺骑白马，七螺八螺过枪打，

九螺十螺过刀剐，十螺抵不到九筲箕，
银子往家就么梯（推）。

矮子怪

矮子怪，钻鸡赛，
吃鸡屎，屙土块。

（鸡赛：鸡窝。）

扳罾

扳罾扳罾，扳个鲤鱼十八斤，
大鱼留着自己七（吃），小鱼送隔壁。

大花缸

大花缸，小花缸，船老板嘞，船要翻！
大花盆，小花盆，船老板嘞，船要沉！

我俩好

我俩好，我俩好，我俩豆钱（合伙）买皮袄。
嗯（你）穿皮，我穿袄，你先穿，我后穿，
你死之我一个人穿。

掼泥巴

先生不在嘎（家），学生况（掼）泥巴，
掼个小棺材，把先生往里抬。

跟人学

跟人咯（家）学，害屁角（屁股）；
跟人咯敢（讲），害屁俺（眼）。

大扁头

小光头，打酱油，一块瓦，砸之头，
爹爹摸，奶奶揉，揉个大扁头。

小扁头

小扁头，爬墙头，三块瓦，打之头，
爹爹摸，奶奶柔，柔个小扁头。

大头

大头大头，下雨不愁，
人嘎（家）有伞，我有大头。

好吃囫囵吞

好吃囫囵吞，萝头凹俺（眼）睛，
河里发大水，安（淹）死干子鬼。

孬子孬

孬子孬，七（吃）鱼抛（泡），三大碗，低（堆）多高，
嗯（你）问孬子可好吃，孬子口水直么滴。

（鱼泡（抛）：鱼鳔。）

小瘪嘴

小瘪嘴，偷黄瓜，大娘逮到赏几（嘴）巴，
大娘大娘你别打，我偷黄瓜给你小伢耍。

（赏嘴巴：掌嘴。）

你个大大的头

嗯（你）个大大的头，像火球，
你个大大的腰，像弯刀，
你个大大的脚，像菱各（菱角）。

（火球：取暖用具。）

信人嘎（家）托

信人嘎（家）托，吃菱各（菱角）；信人嘎（家）逗，吃蚕豆。蚕豆壳，戳之脚；蚕豆米，夹之几（嘴）。

肚子痛

肚子痛，找启顺，启顺不在嘎（家），
转头找老张，老张嘎里起子火，
不找旁人就找我。

（启顺：当地的郎中的名字。）

大月亮

大月亮，小月亮，哥哥起来打麻将，
嫂子起来打鞋底，妈妈起来炒炒米，
炒给小伢节搭搭几（嘴）。

癞癞蛄是嗯（你）丈母娘

嗯（你）打我，我投降，
癞癞蛄是嗯（你）丈母娘。

（癞癞蛄：癞蛤蟆。）

打人的先生靠旁边

人之初，性本善，先生越打越不念。
性相近，习相远，念句书来遮遮脸。
苟不教，性乃迁，先生放下手中鞭。
教之道，贵以专，打人的先生靠旁边。

假干净

假干净，尿洗锅，马桶盖上切萝卜。

新人新

新人新，胖墩墩，两个奶，十八斤。

腊月腊八日子好

腊月腊八日子好，多少大姑改大嫂。
嘴巴哭，心里笑，屁股还坐大花轿。

剁豆壳

小母舅，吃蚕豆，蚕豆壳，戳之脚，
拿排刀，剁豆壳，剁不动，用火烧之灰直蹦。

公鸡毛

摇摇摇，公鸡毛，做个毽子轻飘飘。
又好踢又好挑，乐得公鸡咯咯笑。

气死你这个猪八戒

弯刀对着瓢切菜，翘锅对着瘪锅盖。
各人烧锅的各人爱，气死你这个猪八戒。

大路朝天

大路朝天，各走各边，
哪个要惹我，养个儿子气泡卵。

吃鱼头

吃鱼头，有人求，吃鱼尾，顺风又顺水。

发颗发颗

发颗发颗，隔麦插窠，千张豆腐，小雨萝卜，
要敢（讲）没菜，一口一块。

（发颗：布谷鸟的叫声。）

来尿鬼

来尿鬼，点点长，驮着被焐见阎王，
阎王问我做么事，我在人间开尿行。

各人秦（寻）到各人要

公鸡叫，母鸡叫，各人秦（寻）到各人要。

头痛科

头痛科，衣拐（角）啄，啄三下，好之罢。

（头痛科：麦粒肿。）

一百年不带要

拉钩、上吊，一百年不带要。

（不带要：指不准反悔。）

扳罾

扳罾，断索，搭细（碎）子脑壳。

（断索：断绳。）

放屁就是他

一二三四五，上山打老虎，
老虎不在家，放屁就是他。

晚上要来尿

又好哭又好笑，晚上要来尿。

小伢嘞

小伢嘞，嗯（你）妈奥（喊）喔，
鸡蛋壳，钓扛猫喔。

（扛猫：青蛙。）

天要落

打洋伞，罩鳖壳，乌龟抻头天要落。

三岁伢走天边

三岁伢，走天边，走到胡须白牵牵。
请问大哥还有多少路，还有三万搭八千。

自己聪明会唱歌

小公鸡，尾子拖，三岁小伢会唱歌。
可是爹娘教你的？不是的，是我自己聪明会唱歌。

奇　怪

三轮车，跑得快，上面坐着个老太太，
要五毛，给一块！嗯（你）说奇怪不奇怪。

就是他

红米白米，不是他，就、是、他。

三月三

三月三，扛猫叫呱呱，
人嘎（家）织布我纺纱，人嘎（家）小姑都走了，
我嘎（家）小姑还在嘎（家）。

（扛猫：青蛙。）

上街店

大却（脚）片，上垓（街）店，称猪育（猪肉），下挂面，公一碗，婆一碗，还要我大脚来洗碗。

花大姐

花大姐，嗯（你）磨磨，
我做花孩（鞋）给嗯（你）看。

鼻子尖

扛猫（青蛙）鼻子尖，
哄嗯（你）嘎婆炒猪干（猪肝）。

（尖：灵敏。嘎婆：外婆。）

扶伢站

亭哥嗝，扶伢站啰——
一碗锅巴两碗饭啰。

（亭哥：聪明的小哥哥。）

晒破细（絮）

来尿鬼，驮细被（棉被），
见阎王，嗑（叩）头忙，
阎王问他到乃气（哪里去），
他上求天，下求地，
求个日头出来晒破细（破棉被）。

皮筋歌

（一）

一米二米三，三三要，
要要肚，肚肚要。

（二）

一二三四五六七，马兰开花二十一，
二五六，二五七，二八二九三十一……

痣

一痣在手，门门都有；一痣在腰，骑马挎刀；
一痣在脚，八抬八托；一痣在脸腮，好吃又拉呆；
一痣在下巴壳，管到全中国。（指毛主席。）

又哭又笑

一面哭一面笑，黄狗淌猫尿。
黑狗来做媒，花狗来抬轿。
抬到和尚庙，和尚庙不要，
抬之往长河里一撂。

西游记

唐僧骑马咚咚咚，后面跟着个孙悟空。
孙悟空，跑到快，后面跟着个猪八戒。
猪八戒，耳朵长，后面跟着个沙无长。
沙无长，挑着箩，后面跟着个妖精婆。
妖精婆，放个屁，这里讲的是《西游记》。

炒芥菜

一

翻锅盖，炒芥菜，芥菜酸，炒萝卜，
萝卜辣，炒板鸭，板鸭西（嘶），炒公鸡，
公鸡叫，炒六谷炮，六谷炮香，炒蹲缸，
蹲缸臭，炒马路，马路长，炒干娘，

干娘不杀鸡，就炒她的……

（六谷炮：玉米粒。）

二

小老奶奶精拽拽，拽点麻油炒芥菜。
芥菜酸，炒萝卜；萝卜辣，炒板鸭；
板鸭叫，炒六谷炮；六谷炮炸，炸之嗯（你）的……

小麻鸡

小麻鸡，上草堆。
爹爹驮棍子打，奶奶烧水泡麻鸡。
爹爹七（吃）育（肉），奶奶啃骨，
儿子喝汤，媳妇闻香。
小伢小伢嗯别哼，锅里还有一块小鸡肫，
拿去跟嗯咯（你家）小姑两个人分。

吃半边，留半边，留给奶奶床里边。
老猫扛（含）到踏板上，
老鼠扛（含）到屋檐边，
老哇叼到树头上。
奶奶好七（吃）哭三天，
俺（眼）睛哭之灯笼大，
几吧（嘴巴）哭之歪半边。

（踏板：床前放鞋的隔板。老哇：乌鸦。）

朵朵朵朵飞

朵朵朵朵飞，我到嘎婆家吃乌龟，
乌龟没长毛，我到嘎婆家吃葡萄，
葡萄没开花，我到嘎婆家吃西瓜，
西瓜没结籽，嘎婆叫我吃泡大狗屎。

（嘎婆：外婆。）

半夜三更

半夜三更，黑乌窿冬，
×××上厕所忘记带电灯（电筒），
轰隆一声，忑（掉）进茅斯坑，
为了活命，他与屎作斗争，
他游呀划呀来个自由泳，
经过粪斗，壮烈牺牲

（×××更换为人名。茅斯坑：粪坑。）

点脚班班

点脚班班，班到罗衫，
罗衫鳖壳，鸡蛋壳鸭蛋壳，
烧成灰、腌臭脚，大水桶小水桶，
嘎婆骂我小杂种，我骂嘎婆老蒲墩。

（蒲墩：蒲草编的垫子。）

萤火虫

萤火虫，满天飞，爹爹叫我捉乌龟，
乌龟没长毛，爹爹叫我扯毛桃，
毛桃没开花，爹爹叫我扯黄瓜，
黄瓜没落地，爹爹叫我唱大戏，
唱戏没搭台，爹爹叫我去扒柴，
扒柴不够烧，爹爹把我头上打一个包。

方家墩

城东有个方咯（家）墩，
方咯（家）墩住着方嘎（家）公，
方嘎（家）公根（今）早犯之昏，
褂子穿之反之身，
拿着夹棍去番瓜墩，
方嘎（家）公要挖番瓜根。

（家公：外公。）

好吃的老奶奶来做粑

三月三，扛猫叫呱呱。
好吃的奶奶来做粑，

大粑自己吃，小粑送隔壁。

麻猫

墙高头麻猫，
桥毒黑（底下）麻鸭，
不知是麻鸭袄（咬）之麻猫，
还是麻猫袄（咬）之麻鸭。

摸摸屁股两半边

小五伢，梯（推）伢车，
一梯梯到河奈（那）边。
点点火，七七（吃）烟，
摸摸屁股两半边。

小黑狗

小黑狗，嗯看嘎（家），
我到地里捡棉花，
棉花没有捡几朵，
一地（对）媒人到我嘎（家）；
一句话，纽（没）讲清，
芝麻炸子满天星，

条把扫，畚箕畚，
畚给媒人吃子害脚后跟。

周扒皮

周扒皮，皮扒周，
周扒皮老婆在江苏。
江苏人民得解放，
周扒皮老婆卖冰棒。
冰棒冰棒化成了水，
周扒皮老婆变成之鬼。

三、民谚

1. 一个字，两个叉，它认得我，我不认得它。
2. 一代亲，二代表，三代四代还在跑，五代六代歇作了。
3. 一尖猪，二打铁，三通黄鳝四卡鳖。
4. 一捧三刁，一逼三孬。
5. 一顿饭养恩人，百顿饭养仇人。
6. 一句话敢（讲）人笑，一句话讲之人咯一跳。
7. 一朝天子一朝臣，这朝不用那朝人。
8. 一个巴掌拍不响，两个巴掌响哈哈。
9. 一人动嘴，十人牙酸。
10. 三系（岁）看小，七系（岁）看老。

11. 七不出，八不归，初九、初十往家飞。

12. 十个矮子九个怪，还有一个矮子不还债。

13. 十句打八折，还有一句信不得。

14. 人家七讲他八讲，人家八讲他瞎讲。

15. 儿子像娘，银子打墙；女儿像父，不富都富。

16. 上街头不要，下街头抢一跳。

17. 捡个屁，当把戏。

18. 捉孬子，补刁子。

19. 人作有祸，天作有雨。

20. 打子蝗虫，带令（带连）照马子（蚱蜢）。

21. 舍不得金弹子，打不到巧鸳鸯。

22. 投亲不如歇店，歇店不如回家。

23. 癞痢头高挑湿（虱）子，鸡蛋里头秦（寻）骨头。

24. 好借好还，再借不难。

25. 便宜没好货，好货不便宜。

26. 不比不知道，一比赫（吓）一大老跳。

27. 远亲不如近邻，近邻不如紧对门。

28. 上梁不正下梁歪，中梁不正倒下来。

29. 木匠进门三天烧，瓦匠进门三天挑。

30. 清明不戴柳，死在大门口；端午不戴艾，死在大门外。

31. 拜年拜到初七八，关起门来都不答。

32. 拜年拜到初十边，又无茶来又无烟。

33. 早跳祸事中跳财，晚跳元宝滚进来。(眼皮跳)

34. 窑匠住草屋，瓦匠住倒屋。木匠家里水缸没有盖，裁缝烧锅的身上几大块。

35. 孬子昏昏货，七（吃）鱼中半错（段）。

36. 女婿是娇客，进门用刀切。

37. 前生做多子恶，今生教小学；日里扯胫子，晚上改本子。

38. 日子天天过，事情在人做。

39. 粪桶嘎，越嘎越发。

40. 不怕不识货，就怕货比货。

41. 刀子嘴，豆腐心。

42. 躲得过初一，躲不过十五。

43. 到什么时候说什么话，到什么山上唱什么歌。

44. 屋漏偏逢连阴雨，船破偏遇顶头风。

45. 人善被人欺，马善被人骑。

46. 文不能提笔，武不能耍大刀。

47. 文不能拿笔，武不能挑粗糠。

48. 狗咬吕洞宾，不识好人心。

49. 小伢嗟望过年，大老人望插田。

50. 小时不发狠，长大挑粪桶。

51. 哈哈猫儿也逼鼠，哈哈丈夫也做主。

52. 马不知自己脸长，牛不知自己角弯。

53. 是福不是祸，是祸躲不过。

54. 有钱能使鬼上树，添几个钱落（爬）到淼子高头去之。（淼子高头：树梢的意思。）

55. 吃之饼子，套之颈子。（指拿了别人好处就要替别人干事。）

56. 亡人不要七，只要周年和百日（周年和百日能有人上坟就不错了）。

57. 扁担不起戗，起戗就要打巴子。

58. 舌条打个滚，和人不蚀本。

59. 七（吃）不哈（下）气（去），没有饿得好；困不着，没有做得好。

60. 哪个人前不说话，哪个背后不港（讲）人。

61. 病来如山倒，病去如抽丝。

62. 越耍越懒，越吃越馋。

63. 吃一拣二眼观三，情况不对就淘汤。（通常指吃肉，嘴里吃着第一块肉，筷子夹着第二块肉，眼睛看着第三块肉，肉抢完了，抢点汤肉拌饭也是好的。）

64. 平时不烧香，临时抱佛脚。

65. 小时一条龙，长大一夺（滴）脓。

66. 逮到就嗑（叩）头，放掉就弄侯。（弄侯：耍狠的意思。）

67. 力气是浮财，用掉之又来。

68. 尿泡虽大无斤两，秤砣虽小压千斤。

69. 大路上敢（讲）话，草窠里藏人。

70. 若要标，穿得消（薄）。

71. 我哪借之嗯（你）米，还之嗯（你）稻哇？嗯脸黑之跟糖及丽一号地。（糖及丽：烂鸡屎。）

72. 茅屋年年盖，一代管一代。

73. 做贼的紧关门，偷人的尽敢（讲）人。

74. 尖猪带骗牛，割卵子带剃头。

75. 新人房里无大小，舅爹爹当老表。

76. 先来的不如后夺的，家养的不如野肏的。

77. 家养的不如野肏的，撒网的不如拉索的。

78. 贼头当嘎（家），把人咯当他。

79. 耳刀斤把斤，听话听不清。(耳刀：耳朵。)

80. 敢（讲）人家一句好话不见得，敢（讲）人家一句坏话了不得。

81. 春鸡大似牛，春雨贵如油。

82. 人咯前头卖生姜，嗯在后头敢（讲）不辣。

83. 人不到三尺，鬼不跟他隔壁。

84. 白面书生只是看，黑黑森森才是汉。

85. 黑人是条汉，白人只能看。

86. 家事懒，客事勤，人家事情做坏之人。

87. 亲戚礼往礼，邻居几（嘴）还几（嘴）。

88. 宁跟明白人打一架，不跟鸭蛋人敢（讲）句话。

89. 没有七（吃）过猪肉，也看过猪走路。

90. 老太太过年，一年不如一年。

91. 惹大不惹小，惹小讨不到好。

92. 常在河边走，哪能不湿鞋。

93. 好粉做不了三个粑，好女生不了三个伢。

94. 养得了小伢的身，养不了小伢的心。

95. 管天管地，管不到屙屎放屁。

96. 当面教子，背后教妻。

97. 苦啰（葫芦）瓢洗胩，不分上下。(胩：裆部。)

98. 小伢不听老人言，吃苦的日子在眼前。

99. 有油无盐，吃一死都不甜。

100. 人怕伤心，树怕剥皮。

101. 男到三十悠悠长，女到十八定子条。

102. 心比天高，命比纸消（薄）。

103. 穿衣看袖子，察亲看舅子。

104. 好人不长寿，祸害一千年。

105. 祸害祸害，千年还在。

106. 人无眉毛狗无尾，人无眉毛丑死鬼。

107. 人咯舞子一身汗，嗯还敢（讲）不好看。

108. 木匠不偷钉，三天偷一斤；裁缝不偷纱，三天一裤裆。

109. 嘴巴两块皮，掉过来一下，掉过去一下。

110. 聋子会地地（对对），哑子会唱戏。

111. 不怕哈儿子，就怕哈老子。（哈：无能。）

112. 新人进之房，媒人撂过墙。（撂：扔。）

113. 端人咯（家）碗，受人咯（家）管。

114. 人抬人高，水抬船高。

115. 师傅领进门，修行在各人。

116. 出门三五里，各处一乡风。

117. 嘎（家）要败，出妖怪。

118. 没有说笑，不成老少。

119. 男的吃饭三大口，女的吃饭粒粒数。

120. 光棍头子似神仙，半斤猪肉有的拈，有朝一日恍恍病，困在床上叫皇天。

121. 床肚里拜年，一年不如一年。（床肚里：床底下。）

122. 吃子油盐米，就得讲情理。

123. 宁在世上挨，不在土里埋。

124. 先交代，后买卖。

125. 稻草压成子筋，不知男人心。

126. 女大十八变，越变越好看。

127. 家无主，条把（扫帚）舞。

128. 人情大似债，头顶锅盖卖。

129. 自家无能，错事怪人。

130. 捉子怕咬子，放子怕跑掉子。

131. 日不做，夜摸梭（摸索）。

132. 靠山吃山，靠水吃水。

133. 七（吃）江水，港（讲）海话。

134. 犁没犁到，耙也要耙一下；氽到地上都要抓一把草。（氽：摔。）

135. 人上一百，七样八色。

136. 天下只有第七的，没有第一的。

137. 老母猪吃稻，一报还一报。

138. 人小面窄，见不得大客。

139. 牛要打，马要鞭，小伢嗟不打要上天。

140. 忍一忍，过个岭，让一让，吃上饭。

141. 为人为到头，反而成了仇。

142. 镀金牙的眯眯笑，筒手表的脾气躁，穿皮鞋的嘎嘎叫。

143. 事哨（快）三分假，好吃囫囵吞。

144. 鱼挂臭之，猫想瘦之。

145. 干亲进子门，俺（眼）睛定子神。

146. 王奶奶估气不卵，干卵子十八斤，湿卵子也十八斤。

147. 饿狗记得千年屎，老母猪记得万年糠。

148. 干亲如韭菜，不割就要败。（指干亲要常走动。）

149. 锅巴炒米，各有所喜；萝卜白菜，各有所爱。

150. 麦秆草捆鸭蛋，一头抹子，一头刷子。

151. 和尚没做得，亲又没娶得。
152. 乌龟别笑鳖，都在一个洞里歇。
153. 乌龟别笑鳖，高不过一匹篾。
154. 自嘎（家）屁俺（眼）生血滴，还给人嘎医痔疮。
155. 儿多母吃苦，粥滚菜遭殃。（滚：热、烫。）
156. 嘴巴甜似蜜，屁俺（眼）辣生姜。
157. 喉咙深似海，七（吃）掉斗量金。
158. 人脸揣在怀，狗脸放出来。
159. 上街头公鸡打水，下街头草狗连茎。（指揶揄人无事不晓。）
160. 板凳四个脚，前头走，后头夺。
161. 板凳四只脚，嗯（你）走我落。
162. 锣打细（碎）之，法做尽之。（指铺垫太多，难切入正题。）
163. 人家骑马我骑驴，还有不如又不如。
164. 好男无好妻，好女嫁个翻毛鸡。
165. 泥鳅兴捧，小孩兴哄。
166. 小伢嗟靠哄，大老人靠捧。
167. 蛇有蛇路，鳖有鳖路，海子无路横爬。（海子：螃蟹。）
168. 一个螺丝一条道，海子没路横着跑。
169. 惯儿不孝，淫田出瘪稻。（淫田：肥田。）
170. 粪桶改水桶，臭气还在。
171. 吃稀饭要搅，走滑路要跑。
172. 吃饭少几口，活到九十九。
173. 常喝萝卜汤，不劳医生开药方。
174. 病从口入，祸从口出。
175. 嘎（家）鸡打之团团转，野鸡不打也是飞。

176. 大斧子砍之不疼，小花针戳之一尿（一颤，一激灵）。

177. 小洞不补，大洞一尺五。

178. 穿钉鞋，戳（拄）拐棍，把稳又把稳。

179. 要死屌朝上，不死款（扣）过来。

180. 哄嗯（你）咯大大不吃香油煎豆腐，哄你个妈妈不喝青菜豆腐汤。

181. 跟好学好，跟告花（乞丐）学讨。

182. 信他的话，盐都卖馊之。

183. 闷头驴子不吃麦麸，一七七（吃）一大稻箩。

184. 礼多人不怪，盐多腌不坏菜。

185. 半夜喊大媳妇乘凉，好意成之恶意。

186. 忍一忍，过个岭；熬一熬，过座桥。

187. 输钱只为赢钱起，哪个赢钱买了柴和米。

188. 饭后百步走，活到九十九。

189. 拳头往外打，胳膊往里弯。

190. 乌鱼不要称，一把捉一斤。

191. 三年老鸡似砒霜，三年老鸭赛仙汤。

192. 土木蛇，咬一口，不进棺材就进土。（土木蛇：蝮蛇。）

193. 养种像种，冬瓜像水桶。

194. 草狗不起窠，儿狗不上身。（草狗：母狗。起窠：发情。儿狗：公狗。）

195. 枞阳大萝卜，一烀一大锅。

196. 屙屎屙不下来，怪蹲缸向不好。（蹲缸：厕所。）

197. 响水不开，开水不响。

198. 大虫欺小虫，小虫钻地窿。

199. 大鱼吃小鱼，小鱼吃虾子。

200. 家事懒，客事勤，人家的事务爱坏子人。

201. 人要走运，狗都上蹲缸。

202. 人要走运，山都挡不住。

203. 告花子留不住隔夜食。

204. 吃掉干粮无事想，留着干粮想坏之人。

205. 驴子屙屎外面光，中间一泡老粗糠。

206. 一碗狗肉汤，坏之教了。

207. 不是一家人，不进一家门。

208. 手艺样样会，冬天无戏（絮）被；手艺夹夹生，门门都不精。

209. 人老心不老，老牛啃嫩草。

210. 吃了你无钱的饭，耽误我有钱的工。

211. 吃之碗里，望之锅里。

212. 烧火要空心，做人要虚心。

213. 包嗯（你）娶亲，不包你养儿子。

214. 生得俏，才是俏；打扮俏，撩人笑。

215. 麻雀看蚕，越看越完。

216. 拎尿壶、托卵子。（指拍马屁。）

217. 挑断苗担是狠人，挑断扁担是死人。

218. 人作有钱的，狗咬晒街沿的。

219. 自嘎（家）夸，牛屎粑；人嘎夸，一枝花。

220. 狗不咬上前的，蛇不咬种田的。

221. 男到三十一枝花，女到三十豆腐渣。

222. 港归港（讲），笑归笑，动手动脚无家教。

223. 男是菖蒲女是艾，年年端午在一块。

224. 人生在世如歇店，黄土山上是老家。

225. 人要脸，树要皮。

226. 鸭肫难剥，人心难末（摸）。

227. 人要敢（讲）理，稻要做米。

228. 树老根多，人老话多。

229. 人有三分怕鬼，鬼有七分怕人。

230. 屁股一坐，捡个二斤半。（指媒婆。）

231. 油菜开花麦打苞，瓦碴子泥巴都爬骚。

232. 屎只有狗吃，羊吃卡（黏）胡子。

233. 扛猫（青蛙）无颈子，小伢嗟无腰。

234. 六月六，鸡蛋晒成鸭蛋熟。

235. 有好多粉，做好大粑。

236. 自丑不觉，人丑犯喔（呕吐）。

237. 公做媒、婆牵轿，一粒饭米子都瞎不掉。

238. 秤不离砣，公不离婆。

239. 过了正月半，家家空吊罐。

240. 瓮缸里不走鳖，船舱里不漏针。

241. 跟好学好，跟猫虎学咬。

242. 早怕露水中怕热，晚怕蚊子早早歇。

243. 会拣（挑选）的拣儿郎，不会拣的拣钱庄。（指找女婿。）

244. 脚脖肚子朝大门，不是输来就是赢。

245. 刚刚好一趟来，刚刚不好搭掉一双还（鞋）！

246. 会看的看门道，不会看的看热闹。

247. 前有走的，后有跟的。

248. 是福不是祸，是祸躲不过。

249. 吃菜吃菜心，听话要听音。

250. 前脚不稳，后脚不腾。(腾：移动。)

251. 吃萝卜，剥一错吃一错。(一错：一段。)

252. 有钱吃药，无钱泡脚。

253. 嘴上纽毛，办事不牢。(纽："没有"的合音。)

254. 外公带外孙，好比放风筝，风筝断了线，三年不见面。

255. 好儿不吃分嘎（家）饭，好女不穿尬子（嫁妆）衣。(比喻人要自立。)

256. 小脚板下地，坛罐叹气。

257. 汪咯钉难钓，鲫鱼卡多，痴不啰好七，哪有许多。(汪咯钉、痴不啰：鱼名。)

258. 当面是人，背后是鬼。

259. 清汤比寡水好，丑媳妇比孤鬼好。

260. 儿不嫌母丑，狗不嫌家贫。

261. 正月初一到十五，吃过大辛苦；过了一十五，还是一样苦。

262. 人无横财不发，马无夜草不肥。

263. 善有善报，恶有恶报，不是不报，时辰未到。

264. 船上人不急，嗺上人急断子腰。(嗺上：岸上。)

265. 一家养儿千家愿，一家养女百家求。

266. 婆打媳妇常常有，公打媳妇不如老草狗。

267. 西尿浇麦，一举两得。(西尿：屙尿。)

268. (腊月）二十三四五，忙个大七苦；(正月）初三四五，七子像拨浪鼓；过子十三四五，还是一样苦。

269. 泰山不是堆的，牛皮不是吹的。

270. 母鸡多，小哥哥；公鸡头，大丫头。(以小鸡的公母，占卜孕妇肚子里孩子的性别。)

271. 公鸡头上一块肉，大小也是个冠（官）。

272. 两个卵子打架，与嗯（你）屌相干。

273. 在外捡只小麻雀，家里丢个老母鸡。

274. 文官动动几（嘴），武官跑断之体（腿）。

275. 饿死不要饭，气死不告状。

276. 日里打得血滴滴，晚上还是肉挨肉（育）。(指小夫妻打架。)

277. 暖天别占人家上风头，冬天别占人家滚火球。

278. 七饱为足，十饱伤人。

279. 亲兄弟，明算账。

280. 六月天，斗大的眼，针大的风；三九天，针大的眼，斗大的风。

281. 管成人，一夺（滴）脓；自成人，一条龙。

282. 又要马儿跑，又要马儿不吃草。

283. 胆大赢胆小，胆小赫之跑。

284. 人老血气衰，坐倒瞌睡来。

285. 人死如灯灭，鸟死汤浇血，要想亡魂转，水中捞明月。(指人死什么都没有了。)

286. 起家就像针挑土，败家好似浪淘沙。

287. 黄牛国（角），水牛国（角），各顾各。(指兄弟分家。)

288. 三个钱下馆子，潽汤喝水!

289. 脚不在鞋里，奶不在怀里。(形容农妇忙，跑得快。)

290. 生日不要吃，只要一天晴到独（底）。（小孩生日这天，大人不管，可以一天玩到晚。）

四、俗语

1. 痴狗信人唆。(指听信别人挑拨。)

2. 老鼠尾子后面一蛮槌。(指做最后的努力。)

3. 毒(得)不死往地宕里爬!(指自己找死。地宕:一种碎米工具。)

4. 舌条底下压死人。(指人言可畏。)

5. 荒年饿不死手艺人。

6. 装孬不蚀本。

7. 瞎猫碰到死老鼠。

8. 小心驶得万里船。

9. 不是省油的灯。

10. 被人卖了还帮着数钱。

11. 八字没一撇。

12. 半斤对八两。

13. 半路出家。

14. 当地生姜不辣。

15. 丑媳妇早晚也得见公婆。

16. 大白天讲梦话。

17. 二一添作五。

18. 放屁砸了脚后跟。

19. 来得早不如来得巧

20. 得子便宜还卖乖。

21. 不蒸馒头争口气。

22. 不见兔子不撒鹰。
23. 不见棺材不落泪。
24. 做鬼打不死人。
25. 话说三遍作屎臭。
26. 甩笔摇表泼电灯。(泼：拍。电灯：电筒。)
27. 耳朵打苍蝇去之？(骂人没有认真听。)
28. 好汉不七（吃）眼前亏。
29. 出头的椽子先烂。
30. 还没学爬就学走。
31. 屁眼沟里盖（锯）精索。(形容积极。)
32. 昨晚做贼去之。(讥讽打瞌睡。)
33. 精神捉到鬼。(形容比鬼还精明。)
34. 懒之屁俺（眼）里生蛆。
35. 捡个小红枣子当火种子吹。
36. 吃生米遇到磕生稻的。(指狠的遇到更狠的。)
37. 一赶早二赶饱。(指做事要抓紧。)
38. 人家老婆焐不滚脚。(滚：暖)
39. 枪打出头鸟。
40. 一个被窿不困两号的人（被窿：棉被。两号：两样。)
41. 十层纱抵不过一层花。
42. 老虎也有撑瞌子的时候。(撑瞌子：打瞌睡。)
43. 想发洋财看牙猪。(牙猪：种猪。)
44. 石滚都压不出个屁来。(木讷)
45. 把人肠子都气折（绿）之。
46. 把人肺都气炸掉子。

47. 无钱难倒英雄汉。

48. 瞎子见钱眼都开。

49. 人心无足蛇吞象。

50. 响鼓不用重敲。

51. 狗头上吊不住粽子。

52. 拿蛮槌受狗的气。

53. 跑了和尚跑不了庙。

54. 你晓得虾子从哪头放屁。(轻蔑)

55. 不当家不晓得柴米贵。

56. 狗屎连稻草。(乱七八糟)

57. 人家牵牛他拨桩。(不精明)

58. 书读到脚肚子里去着。(不明理)

59. 屙屎都要隔三条田埂。(形容此人臭。)

60. 小女伢节韶嬲嬲。

61. 小伢节莫接下巴颏。(指大人说话时不要插话。)

62. 长河又没有盖盖。(骂人家不死。)

63. 莲花讲成藕粉。(口才好)

64. 清明大似年!(民间把一年的祭祖看得很重要。)

65. 夹机窝（腋下）里过日子。(指还没有独立。)

66. 小伢嗟一点生意没有!(指小孩子不懂规矩。)

67. 敢（讲）之跟正三一号的!(指郑重其事地讲假话。)

68. 油瓶倒子都不扶!(指什么事都不干。)

69. 吃不下气（去）拿蛮槌（洗衣棒）筑!（骂小孩子贪心，碗里东西搞太多。筑：塞。)

70. 赊之裤子都没的穿。(亏大了)

71. 早死早投胎。

72. 爬不上榆树爬泼树！

73. 好男不跟女斗。

74. 黄鼠狼错（被）布（菢）母鸡啄瞎之眼睛。

75. 走狗屎运！（指运气太好）

76. 一碗牛肉汤给狗打泼掉之。（指因为小事而坏了大事。）

77. 三魂赫（吓）掉二魂半。

78. 鬼都怕恶人。

79. 有账算不枉。

80. 结亲如结义。

81. 一个萝卜一个凼（坑）。

82. 冬瓜皮往里卷。

83. 好死不如赖活着。

84. 衣服是租来的。（指穿衣不知道换季。）

85. 家花不及野花香。

86. 山东驴子学马叫。

87. 夹之里头过二十四。（指干起混。）

88. 做一天和尚撞一天钟。

89. 狗头高头顶不住四两喳。（指心里藏住不事。）

90. 二四八月天乱穿衣。

91. 屙尿还屙出小鱼来之！（指不可能。）

92. 这山望着那山高。

93. 心急吃不了滚豆腐。（滚：烫。）

94. 老表娶亲干热混。

95. 见风就是雨。

96. 破锣破鼓好救月。

97. 朝里无人莫做官。

98. 县官不如现管。

99. 一会风一会雨。

100. 清官难断家务事。

101. 苍蝇不叮无缝的蛋。

102. 兔子不吃窝边草。

103. 远处黄金抵不到近处黄土。

104. 伸手不打笑脸人。

105. 狗嘴里吐不出象牙。

106. 四两拨千斤。

107. 千金难买老来瘦。

五、农谚

1. 桃三梨四杏十年，枣子当年能卖钱。

2. 八成熟，十成收；十成熟，二成丢。

3. 热不过三伏，冷不过三九。

4. 三九、四九，冻死着老狗。

5. 大雪年年有，不在三九在四九。

6. 六月不热，五谷不结。

7. 雨种谷子晴种棉，栽菜宜选连阴天。

8. 要想桃子大，树上不能一大挂。

9. 过之冬至天天转，一天长一线。

10. 春天打个凼，秋天有指望

11. 粘（知）了叫，割早稻；粘（知）了西（嘶），杀早鸡。
12. 雷打惊蛰节，二月雨不歇。
13. 天上鲤鱼斑，明天晒稻不用翻；天上勾勾云，地下雨淋淋。
14. 身好谷穗大，母胖儿子肥。
15. 牛马年，好种田。
16. 烟囱不出烟，一定阴雨天。
17. 早看东南，晚看西北。
18. 别人烤火我兴塘，别人车水我乘凉。（指修理塘堤。）
19. 六月初一落一蹦，看牛的小伢节跑成之病。
20. 火烧乌云盖，大雨来得快；蚂蟥水底沉，明天天气晴。
21. 秋分不出头，割掉喂老牛。（指晚稻要在秋分前齐穗。）
22. 好种出好苗，好苦啰（葫芦）锯好瓢。
23. 霜打油菜荚，到老都不发。
24. 稻倒一半，麦倒全光。
25. 春寒雨丢丢，夏寒雨断流，秋寒凉风起，冬寒雪满丘。
26. 过了重阳节，不是风来就是雪。
27. 过了七月半，早晚凉一半。
28. 春打六九头，农夫种田不用牛。
29. 春打五九末，稻米涨破壳。
30. 春打五九末，稻米渐渐缩。
31. 四季东风四季下，就怕东风起不大。
32. 月亮长之毛，半夜雨毫毫。
33. 上怕初三雨，下怕十六阴。
34. 春东夏西，骑马送蓑衣。
35. 盐钵子回潮，大雨濠濠。

36. 雨夺（滴）公鸡头，行人不要愁。(指天未亮时下雨下不长。)

37. 早霞不出门，晚霞行千里。

38. 春雾雨，夏雾热，秋雾凉风冬雾雪。（指天气趋势，不是指当日。)

39. 好大东风好大雨。

40. 早烧不过中，晚烧一场空。（指火烧云。早上火烧云，中午前一般要下雨，傍晚火烧云一般不会下雨。)

41. 东风起，穿蓑衣。

42. 立夏不下，无水洗耙，小满不满，无水洗碗。

43. 三月三，九月九，无事不在江边个走。（指江边浪大，容易出事。)

44. 人到夏至边，走路要人牵。

45. 十网打鱼九网空，一网打到就够工。

46. 冬天涛一涛（掏），抵上春天浇一高（遍）。

47. 三伏天不热，也有点闷人；三九天不冷，也有点亘人。(亘人：人打颤。)

48. 六月六，热之哭。

49. 秋夹之伏，热之哭。

50. 大干不过七月半。(干：旱。)

51. 小暑割不得，大暑割不彻。(指割早稻。彻：及。)

52. 一九晴，抵不到二九灵；
大雪年年有，不在三九在四九；
五九六九，河边看柳；
七九六十三，行人把衣单；
八九七十二，行人都打坐；

九九八十一，犁耙家（嘎）伙都请出。（九九歌）

53. 有雨山戴帽，无雨顶上光。

54. 立春晴一日，农夫种田不用力。

55. 扇子扇轻风，扇夏不扇冬，嗯要问我借，待到八月中。

56. 小暑涨一尺，大暑退一仗，小暑退一尺，大暑涨一仗。

57. 秋天南，雨团团；秋天北，地哈坼（裂开）。

58. 东方不发就不发，一发灌死大老鸭。（指夏天暴风雨。）

59. 九九落雪，老鼠啃铁。

60. 好地种棉花，哈地种芝麻。（哈地：不好的地。）

61. 吃子年饭，望子田畈。

62. 日晒稻黄，雨夺麦黄。（雨夺：雨淋。）

六、歇后语

1. 困在床上屙屎——不想好
2. 乌龟吃大麦——糟蹋粮食
3. 乌龟爬上秤——自称
4. 蹲缸里的石头——又臭又硬
5. 小狗掉进蹲缸里——逮到之
6. 抱杨树根洗澡——求稳
7. 灯草烧窑——不顾老子本钱
8. 衫袖笼里开小店——异想天开
9. 小狗扛（含）大屎——有心无力
10. 老鼠进书箱——咬文嚼字
11. 老鼠钻风箱——两头受气

12. 晚娘打儿子——一顿就一顿

13. 针尖对麦芒——尖对尖

14. 毛狗驴子上磨——屎尿多（指懒人借口多。）

15. 四两棉花——不弹（谈）

16. 四两棉花——慢慢弹（谈）

17. 门拐扁担——窄看之

18. 门缝里看人——把人看扁了

19. 苗担挑牙缝——大材小用

20. 老虎不吃人——损像难看

21. 豆腐渣贴门庆子——两不粘

22. 小伢没娘——说起来话长

23. 九华山的菩萨——照远不照近。

24. 孔夫子搬家——尽是书（输）

25. 戴笆斗进庙门——冒充大头鬼

26. 花生剥之皮——人屎（仁是）一号的

27. 水里屙尿——瞎赊掉之

28. 半夜擤鼻涕——瞎搭

29. 屁俺（屁眼）里夹手捏子——撮屎（作死）（手捏子：手帕。）

30. 和尚打伞——无发（法）无天

31. 哑巴吃黄连——有苦说不出

32. 哑巴吃汤圆——心中有数

33. 茶壶装饺子——倒（道）不出

34. 瞎子看见鬼——滴真的

35. 瘫子靠跛子——靠不住

36. 瘫子请客——坐等

37. 瞎子点灯——白费蜡
38. 王小六过年——一年不如一年
39. 土基高头架桁条——硬上
40. 聋子耳朵——摆设
41. 对镜子作揖——自己恭维自己
42. 何夫人吃鲥鱼——敢（挑）大的
43. 八十岁老公砍柴蒿——一日不死，一日要烧
44. 大椒对烧酒——火口对火口
45. 小和尚念经——有口无心
46. 棺材里擦粉——死要脸
47. 六谷芯掉到蹲缸里——像屎一号的
48. 毛狗驴子叉石灰——一张白几（嘴）
49. 衫袖窿里的画眉——拿出来就叫
50. 钟馗开店——鬼都不上门
51. 腌（咸）菜炖豆腐——有（盐）言在先
52. 三伏天穿皮袄——租来的
53. 衙门口打官司——路近
54. 蛮槌上天——总有一头落地
55. 蛮槌上街——三天成精
56. 大炮打蚊子——小题大作
57. 挑窑货断扁担——没有一个好货
58. 烧窑的卖瓦的——都是一路货
59. 泥菩萨过河——自身难保
60. 小河沟里撑船——一竿子插到底
61. 石板高头况（掼）乌龟——硬碰硬

62. 脱裤子放屁——多此一举

63. 跟棍子打架——稳拿

64. 胳肢窝里夹个死老鼠——假装打猎的

65. 狗捉老鼠——多管闲事

66. 狗咬刺猬——无处下口

第二部分 民间故事

射　蛟　台

口述：钱铁民　搜集整理：王建生

在枞阳县城的西北边，有一座达观山，山上有个射蛟台，是当年汉武帝下江南巡视时留下的。汉武帝登基后很想有一天自己能得道成仙，整天忙着找方士，访神仙，懒理朝政，误了不少大事。路过枞阳时，偶遇一位神仙。这位神仙仙风飒然，汉武帝见了很高兴，当即表示自己渴慕神仙之道，求他指点迷津。那位神仙冷然不语，把汉武帝带到了达观山一处偏僻的山坡上，二人下起棋来。哪知一盘棋刚到中局，汉武帝兴趣正浓时，西北边的连城湖里白浪翻滚，洪水滔天。只见浪尖上站一绝色女子，约二八年纪，娇艳无比，仪态媚人。汉武帝甚感惊讶，不知道是怎么回事。神仙冷冷一笑，说："这就是起蛟了。这妖女是蛟变的，她到哪，洪水就淹到哪。"汉武帝想此妖不除，必成祸患。马上命侍卫拿过一张硬弓，拈草为箭，奋力一射，"嗖"的一声，只见那妖女应声落水，变成了一个土墩子。妖女一死，洪水逐渐退去。汉武帝因为那一箭用力过猛，一跤跌倒。这时，神仙朗声大笑说："果然是人中之龙！虽然神仙之道不可求，但只要以天下为重，自可流芳百世，望陛下好自为之！"说完飘然而逝，不见踪影。从此，"射蛟台"的故事便流传下来。今天，达观山上的石头上，仍能找到汉武帝射箭时留下的两个脚印和跌倒时跌出的屁股印子。

断尾龙祭母

口述：刘玉寿

相传远古时期，龙山脚下住着一对贫苦的农民，屋子四壁是泥巴糊的芦柴墙，房顶盖着稻草，矮小而又黑暗，夏不防暑，冬难御寒。好在两口子互相体贴，十分恩爱，日子虽苦也好过。只是家里出了件奇事——这家妇人怀孕三年不见孩子出世，夫妻俩很忧愁。

妇人怀孕一年半时，丈夫便请来郎中给老婆检查身体。医生说“胎性很好，要加强保护，不能乱来。”当时医疗技术落后，又无医疗设备和仪器，只好听天由命。想不到一等就是三年，肚子一年比一年大，弄得孕妇坐也不是，睡也不是，走路都很困难，肚里的孩子动得越来越厉害，她被折磨得痛苦不堪。尽管这样日夜难熬，可这孕妇还无时无刻地保护着这奇形而特大的肚子，生怕有个闪失——这样的母爱是何等伟大！

有一天早上，孕妇突然肚子痛，觉得要生了。丈夫急忙请来自称“半仙”的接生婆，当她走进门时，看见产妇特奇的大肚子，吓得惊慌失措，撒腿就溜。可怜这丈夫磕头求救，才将其挽留，这产妇痛苦地呼叫，血流成河，经过两个时辰的折腾，终于将“孩子”生下。接生婆兴高采烈地说：“恭喜！恭喜！母子平安。”满屋子充满喜悦。

但人们定眼一看这“孩子”，都吓得魂不附体——不像人，似怪：不像牛马，却生有马一样的一对大眼睛，牛一样的鼻子；不像鱼类，却满身都是鱼一样的鳞片，嘴角两边长着比鲢鱼须还要粗长的两根长须，尾巴似粗大的乌鱼；不像野兽飞鸟，却长着如虎一样的利牙，羊一样的一对美角，四只鹰一样粗壮的利爪。

这怪物一出世就能翻腾滚爬，其父定睛一看，“孩子”像个妖精，如果让它留在世上，不但被人耻笑，也许后患无穷！于是，他从门后拿起一把锋利的铧锹（旧时挖藕用的长柄铁锹），对准怪物的头部——“呼”的一声抛去！就在这一刹那间，他觉得胳膊被人拉了一下——这一锹却铲偏了，只将怪物的尾巴铲断了。

是谁拽了一把呢？原是怪物的娘阻止丈夫杀这“孩子”，怎么说它也是自己身上长出的一条生命，来到人间不易。因此，慈母不顾身体极度虚弱，拼命地冲下床拉着丈夫双手，并大喊：“孩子，赶快走!”她的话音刚落，“嘣”的一声就倒在血泊中昏死过去。

丈夫见妻子昏死在地，急忙将她搂在怀里呼叫着。接生婆急忙用针灸经络穴位——对准产妇的人中、涌泉等要穴进行急救，并用姜汤暖心，又进行人工呼吸等方法抢救，仍无回天之力。这位伟大的慈母就这样离开了人间——葬在龙山矶头。

这怪物趁父亲抢救母亲之机，忍着剧痛破壁逃出——飞上云天，到仙山疗伤修炼去了。它就是远古以来人们传说的“断尾龙”。当它得知娘为救自己而死，葬在龙山时，十分悲痛，无比怀念。为报答母亲怀它艰难、分娩痛苦和舍命救己的大恩大德，每年的清明节都要回龙山祭母。

每年清明时节，当地常常发生雷暴天气，农夫茅屋倒塌，枯草飞天，江河湖海，恶浪翻滚。传说这就是“断尾龙”给它母亲做清明。

飞 鹅 地

搜集整理：何泽生

相传在明末清初，有位左眼观山、右眼观地的风水先生名叫史决宏。路过枞阳时，借宿于青山脚下何家墩上的一位何姓人家。何姓人家热情好客，每天都杀鸡宰鸭招待史先生。可是，鸡鸭宰了百余只，史先生却从未吃到过鸡肫鸭肫，心想：这家人假客气，好东西藏起来自己享用。住了两月多，史先生决定到江南云游。临走时，何氏交给他一只菜筒说："路上吃喝不便，可用菜筒里干粮充饥。"

到江南后，史先生打开菜筒，十分惊讶。原来筒内装的全是腌制的鸡肫鸭肫，不多不少总共 100 只，史先生深感何家的恩德，当即返回，指给何家一块风水宝地。

此地刺草丛生，石头嶙嶙，形似飞鹅贴壁。前有笔架山，下有练墨塘。左有挂冠峰，右有青峰岭。待到史先生算定的吉日，一大清早土工便要动工，史先生说再等等，土工问："要等到什么时候?"史先生说："待到白马骑人，人带铁帽，鱼儿上树时分，就可以动工了。"并告诉土工，挖到一块石板时千万莫撬开。土工听后，满腹狐疑，默默无语。说来也巧，中午时分，果然见一个木匠驮着一个木马远远走来，后边跟着一个农夫买了一口锅顶在头上，一村妇将一腌鱼挂在树上晾晒。土工惊叹先生料事如神，立即破土动工，挖掘洞穴，果见洞穴底部有一块石板，土工想看稀奇，还是将石板撬开一点，想看个究竟，只见石板下面露出一缝，说时迟那时快，两只白鹅从缝中猛地飞出，刚好史先生赶到，急忙用手杖打下一只，另一只飞到对面的古树上去了。史决宏骂道："看你劣畜，何家不发，发几家?"飞鹅听后拍翅南飞，飞到江南几姓人家去了，（据说后来几家也出了一位几宰相）。这只断腿飞鹅没有飞走，后来何家出了一位何宰相。

沉剑湖的传说

口述：钱立香　搜集整理：缪文渭

同治三年（1864年），天京（南京）沦陷，太平军四散奔逃，有一将官潜入枞阳，隐居在会宫一刘姓人家里。先前开枞阳会议时，他曾在这位刘姓人家里住过一段时间，和刘老爹结下了深厚的友谊。

刘老爹见到将军，非常热情。他说："住在我家，官兵不会知道的。官兵从岸上来，我带你下湖；官兵水上来，我带你上山。清军水路陆路都来，我带你到树林里躲起来。"

这位太平军将官就在刘老爹家住了下来。十多年后，这位将官身染重病，卧床不起。眼看自己快不行了，他对刘老爹说："老爹，多年来，我在你家平平安安活下来，你对我真是恩重如山，我没有什么报答你。"说着，就从衣囊里拿出一把金光闪闪的宝剑说："老爹！这是天王赐给我的一把神剑，斩妖魔，杀鬼怪，借给人家包治百病，只是万万不能借给那些财主、富人。"又指着剑鞘说："此剑有一道神符封着，不可随便出剑，剑出鞘，必杀人，不见人血不回头，千万注意。"说完这位将官就气绝身亡。

刘老爹把剑藏好，即备棺木收殓埋葬。

过了一些日子，邻居纷纷传说，说刘老爹家有口“神剑”，能祛妖斩鬼，妇女难产，剑往产房里一挂，孩儿就能顺利出生。有人得了痨病，剑在屋里挂三天，病就好了。这消息一出，凡有人家难产的，就来借剑，果然，剑往房里一挂，胎儿即刻落地；谁家人生病，剑里一挂，病就好了。会宫这一带的百姓，都称这把剑为“救命剑”。

话说有一个财主，媳妇难产，跑来向老爹借剑。刘老爹说：“不行，将官临终时说过，有钱的财主不能借。”财主很不高兴，找许多人说情。邻居也说：“救命要紧，就借给他……”刘老爹心软，就借给了他。

财主把剑拿回家，往产妇房里一挂，剑挂了两天，孩子没有生下来，产妇死了。产妇死后，娘家人得到消息，说女儿生产，被剑害死了，打上门来。到了房里一看，墙上挂一把剑，娘家人说：“就是这把妖剑，害死我家姑娘。”说着，手握剑柄，抽剑出鞘，这可了不得，剑飞出人手，在空中旋转，一剑把产妇母亲杀死了。宝剑见血，自动回到剑鞘。

飞剑杀人可了不得，娘家人告到县官那里，说妖剑杀人，县官不相信要亲自来看看，便坐着轿子，带几个听差的，来到财主家。一进门，见剑在地上，差人呈上来，老爷一看，大声喝彩：“好一口宝剑啊！”剑鞘上二龙戏珠，龙眼镶的是宝珠，剑柄镶的是白玉，上面焊着珍珠和翡翠，迎着阳光，五彩缤纷，绕花了眼，漂亮极了。老爷心里痒痒的，这把剑要是我的就好了。他越看越高兴，抓着剑柄，抽出宝剑，剑出鞘，飞出空中盘旋，屋中没有人，只有老爷一人坐在房里。剑就把老爷杀了。

老爷被剑杀死，闯下大祸，再也没谁敢伸手摸这一把剑。

消息报到知府，追捕这把妖剑的主人，差人说：“妖剑的主人早就逃走了。”

府台细听事情经过，再也不敢动这把宝剑，下令将宝剑沉入湖中，可差人中没有一个人敢摸这把剑。只得重金请道士，把这口妖剑丢到湖里去了。后来很多年里，这湖就叫“沉剑湖”。年岁久了，“沉剑湖”名字也消失了。

青、白鳍豚的传说

口述：夏文奎 搜集整理：陶筱亚

枞阳县城的东边，长江北岸的王家套，流传着这样一个故事。

从前有两个姓齐的童生，在一个学堂里读书。两人一见钟情，私订终身。时长日久，同窗人诬其已经云雨，冤了清白。双方父母十分恼火，探问学堂先生秀才王光耀。王光耀把这对情侣实情相告，仍不能免除双方父母对子女的怨恨。王光耀只得拿出自己多年的积蓄，又卖尽衣被，凑足“千金”资助二人远避。两个童生逃到了几百里外的鄱阳湖，虽人生地不熟，但也生活得自由自在。不久王光耀来书信，说双方父母已追寻而来。两个童生决定以死抗争。女童生写好谢恩书，连同千金吞于腹内，两人携手沉到湖底，化为一对奇形鱼。用青白二色染身，男鱼体青色为“青鳍豚”（谐青齐童），女鱼体玉色为“白鳍豚”（谐白齐童），同入长江，顺流而下，游到了王家套，来找恩人王光耀。白鳍豚撞死在已被解聘而渔的王光耀船头上，青鳍豚随白鳍豚的灵魂潜于王的船底顶着王的船往长江下游而去。观音菩萨为成全他们，用杨柳洒法水于铜陵江面，于是双双便在铜陵江段寻深潭而居。由于法水是圣泉，铜陵江面上群鱼相聚，王光耀也因打鱼致富。王光耀有一次捕到一条白鳍豚，剖开鱼腹，发现千金和书信，信上写道：“生在鄱阳湖，死在王家套。腹内有千金，归还王光耀。若认双齐童，请建鱼卡庙。”王读后悟明了原因，照信上所说在王家套下铜陵上的梁山矶附近，将白鳍豚的鱼骨建起一座鱼卡庙，以纪念双齐童。鱼卡庙在“文革”中被毁，遗址尚存。

天下为什么不供关公像

陶筱亚 杨 俊 张国雄 搜集整理

三国名将关羽，死后封“圣”，称“关圣大帝”，天下普建庙宇。可东晋时起，凡庙内供的“关圣大帝”塑像，都自己倒了，再建，再倒。这是为什么呢?

相传，在枞阳县北乡（今官青乡）的“朝阳庵”内，有一私塾先生教经学，先生十分敬佩关公的忠廉，常教导学生要像关公那样为人处世。但是每天晚上，附近百姓的家里，都要丢一只鸡，而且鸡的毛血行迹直入庵内，百姓疑先生偷鸡。一天，有一失鸡老太寻迹找来，要先生赔鸡，先生见鸡的血迹确实是进了庵内，只好跪在关圣佛像前发誓:“如果是我偷鸡愿受圣刀淋血。”话音未落，屋上丢下一块瓦来，正砸在先生鼻梁上，鲜血直流。先生气得关门停学，将申冤状纸焚于张天师像前，告关公助邪。张天师到天上找到关圣，关圣看了状子大怒，下凡化装成一个失鸡的人，召众乡邻于朝阳庵，找先生赔鸡，先生委屈，跪于关圣像前。忽见关圣像一翘，屋瓦一动，又要掉下一块瓦来，关圣一把将先生推开，避了瓦片，大刀一挥，把关圣像劈成两半，但见关圣像内黑血一飙，一个九尾狐狸精滚了出来。先生冤情大白，众人都上前赔礼道歉，让先生复学教书。于是关圣跑遍天下庙宇，凡见到自己的塑像，不管是铜铸的还铁打的，都一律拆毁。从此天下再也无法供关圣像了，只好改供关圣的“龙牌位”。

山芋的传说

口述：陶章秀 搜集整理：陶筱亚

传说明朝朱元璋与陈友谅交战时，在浮山吃了败仗，领着残兵败将逃到会宫，安营扎寨于城山（今会宫乡境内），粮草日趋困难。马夫发现马在山上吃草，将一种草连根拔起，草根上有块卵，马最爱吃。马夫将此草连根带块报奏朱元璋。朱元璋尝后大赞此草味佳。厨师蒸熟进贡，朱元璋更觉味美，喜曰："今后不再愁粮草了。"随即命封此草为"山遇"，意思是在山上偶遇的，后仔细思考，此草乃木本科，"山遇"二字不妥，恐后人嘲圣主无文，故将"山遇"改封为"山芋"。

黄华桥之战

口述：施养吾 方国祥 搜集整理：缪文渭

天王洪秀全在枞阳开会期间，忠王李秀成禀报，说探马探明，六安有个大财主领着皇太子正向枞阳打来。天王命："再探。人马多少，装备如何？斗志怎样？尤其要探清皇太子的性格？限三日来报。"探马领天王旨意，上马去了。

三天后，探马禀报："皇太子二十几岁，性格急躁，盛气凌人，骄傲蛮横；兵马不多，气势不小，兵强马壮，骁勇善战。"天王点点头，命探马再探。

探马走后，天王聚集将领议事，大家认为，这一仗必须打胜，将皇太子及其带来的兵全部歼灭。仗怎么个打法，计议的结果是：这一仗分三个阶段，第一阶段是只许败不许胜；第二阶段是扰乱皇太子，不让他有休息的机会；第三阶段是把皇太子引到黄华桥，全部歼灭。根据天王的命令，将领们各自调兵迎敌。第一仗没打几个回合，太平军便败下阵来了，四散奔逃，皇太子乘胜追击。太平军打一仗败一仗，皇太子打一仗胜一仗。皇太子意气风发，骄傲起来，说长毛没啥了不起的！很不经打嘛！大家都媚其为"常胜将军"。

皇太子打到牛集后，太平军开始改变作战方法，他们分散成若干队伍，一伍三至五人，埋伏在暗中，到处扰乱。皇太子刚住下来，太平军就打来了，皇太子急忙应战，太平军又跑了；皇太子刚要吃饭，太平军又打来了，皇太子急忙应战，太平军又跑了；皇太子刚要入睡，太平军又打来了，皇太子急忙应战，太平军又退走了。如此三番五次，一天二十四小时没有一时消停，十日下来，天天如此，可把皇太子累坏了，再也没有精力招架了。

被太平军搅得日夜不得安宁，皇太子火了，率兵奋起追击，誓要彻底歼灭长毛。太平军节节后退，皇太子一直追到黄华侨，太平军摆出正面交战的架势。皇太子以为和前几次一样，打几个回合就会散。可这一次不同，太平军四面摆开阵势，似要决一死战。皇太子多天没有吃好、休息好，哪有精神打硬战呢？他想退下去歇两天，但太平军哪能让他走呢？西面和北面两路大军包围上来将皇太子围在黄华侨芦木村之间。皇太子见势不妙，马加三鞭，冲出包围圈。冲呀！冲呀……冲向哪边呢？南有长江，东有白荡湖，西有白兔湖，北有太平军截断后路。清军死的死，伤的伤，彻底被打散了，剩下皇太子光杆司令一个。

皇太子性情暴躁，火气旺盛，今天全军覆灭，无路可逃，气得火冒三丈，吼叫如雷。急火攻心，一头栽到马下。太平军围上来，一阵乱刀将其剁成肉酱。六安那位大财主也被太平军分尸两段。皇太子领来的清军全部被歼，没有逃走一兵一卒。

哎，你皇太子在皇宫里有享不尽的荣华富贵，出什么风头呢！偏要来与太平军较量，这下好了，落得个死无葬身之地。真是棺材里头搽粉，死要脸。

洪福娶亲

口述：刘学忠　施养吾　搜集整理：缪文渭

咸丰八年（1858 年）七月，太平军在枞阳会议期间，天王洪秀全病了，时冷时热，害肿毒又害眼睛，请了很多医生都没有治好。天王十分焦急，有人建议说："白荡张家老屋有个张医生脉性好，请他来瞧瞧。"天王同意，派人将张医生请来。张医生望闻问切一番，说："天王放心，你的病能治好。"即给天王开方下药。医治几天后，热退了，肿消了，眼病治好了。天王十分高兴，要重金酬谢，张医生摇手拒绝，说："为天王效忠是我的荣幸！"

张医生给洪秀全治病，在一起生活十多天，天王发现张医生是个少有的人才。他不但精通中医，文学修养也有很高，上知天文，下知地理，琴棋书画，无一不精；历代史话，对答如流，山川名胜，无一不晓。这样多才多艺的人军中少见，天王便想将其留在自己身边。枞阳会议后，天王身体康复了。有一天，备了一桌酒席，请张医生吃酒。

天王问张医生：

"张医生，你家还有什么人？"

"禀天王，人口不多，四口之家。"

"四口什么人？"

“老夫老妻，一双儿女。”

“儿女多大?”

“女儿二八，男儿六岁。”

“女儿订婚否?”

张医生说：“女儿年少，尚未订婚。”

天王心一动，他的女儿和我的儿子洪福同岁，如能结为亲家，老先生就能留在我身边了。

酒席散后，将官各自回营休息，天王留下忠王、英王两位将领说：“张先生是一个有才华的人，我想留他在身边，当御医兼参事，你们意下如何?”两王同意，忠王李秀成说：“我和他谈过，他思想守旧，不愿出头露面，只想享田园之乐。”

天王把结亲的事说了出来，二王说道：“这个方法好，我们愿意为媒。”

第二天，英王陈玉成、忠王李秀成，请张医生来说亲。张医生说：“小人乡间野民，小女怎能和天王龙子配婚？不配不配。”

忠王说：“我们太平天国将士，也出生于农村百姓，说什么乡间野民。这是天王的诚意，恳请先生答应。”

张医生看天王一片诚心，又由二王为媒，盛情之下，只好答应了。

这一年秋天，天王选择良辰吉日，来枞阳迎亲。王子娶亲可热闹了，十几艘喜船，从天京码头开出，船头船艄，两边船帮，全都张灯结彩，红绿黄等五色绸缎，扎成贺圆门，江南江北都能看到，安在船杆上的大红喜字，银闪闪、金灿灿，前船锣鼓，后船唢呐，音传十里。长流水的鞭炮，从天京一路放到枞阳，噼噼啪啪响个不停。

喜船泊于枞阳长河口。从长河口到张家老屋，中间经过白荡湖。于是又调来千艘渔船，横在湖心，船面上放木板，木板上铺上红毡毡，新媳妇就从红毡毡上面走过来，一直走到江边喜船上。

婚后，洪福下帖子请老丈人张医生到南京会亲。张医生来到南京，洪秀全亲自迎接。在京过了一段时间，张医生想回枞阳，天王要留他在女儿身边生活，张医生无奈，只好留下给天王当御医兼参事。

天王爱才，谁有才华，他总有办法将其收到自己的麾下，为天朝出谋划策，这只是其中一例。

臭　水　塘

口述：刘兴汉　整理：缪文渭

我到乡下采访，路过一水塘。塘水怎是紫色的，紫得发黑。陪我来的同志说："这是臭水塘。"我问他："怎么叫臭水塘？"他说："咸丰七年（1857 年）太平军领袖在枞阳开会前夕，太平军与清军打了场恶战，死了千人，尸体堆在塘里发臭，所以叫臭水塘。"我请他谈谈臭水塘的故事，他就这样谈起来了。

忠王李秀成有一部队叫"绿旗军"，老百姓称"绿毛军"。驻扎在枞阳"银州"。清营派了一支精锐的队伍，从广济圩偷袭，将银州包围起来，决心要消灭这支绿旗军。

绿旗军被清军包围后，将士们顽强抵抗，血战了一天一夜，最后与清军展开了肉搏战，一百多名太平军战士战死在银州的水塘边。

绿旗军被清军偷袭，忠王李秀成非常痛心。他亲自指挥三个营，从三面包围银州，清军还没有来得及收兵，就被太平军包围了。清兵没有休息，哪有精力继续作战？忠王的人马复仇心切，精力旺盛，上战场如同猛虎一般。不到半天，一千多清兵全部被歼灭，连一匹马都没有跑掉。清兵的尸体全部被扔在水塘里，把水塘塞得满满的。

时近四月，气候转暖，水塘里尸体开始腐烂，臭气冲天，绿头苍蝇遮天盖地，嗡嗡声十里以外都能听到。据说刮北风时，长江南岸那边都闻到死人臭。“现在，你到水塘边，用鼻子嗅嗅，还闻到死人臭腥气，所以叫臭水塘。”

听他这么一说，我低下头来闻闻，说也奇怪，似乎是有那么一点怪臭味，真是名副其实的“臭水塘”。

金 鸡 洞

搜集整理：何传栋 何宗广

枞阳青山顶上有个金鸡洞。

相传，很远很远的古代，金鸡洞的洞口并不像现在这样狭窄。洞里面像一座金光闪闪的宫殿，摆有金桌、金凳、金盘、金盏，各种用品全是金子做的。洞口有一只美丽的金鸡守护。

金鸡心地善良，和周围的乡民相处得很好，只要乡民们遇到红白喜事、喜庆节日，它都会将洞中的金器借给乡民们使用。乡民们也很守信用，按时归还，从不丢失一件东西。

后来，大青山下出了一个贪心的财主，看到满洞的金器想得淌口水，做梦都想据为己有。一开始，他以女儿婚嫁为由向金鸡借了许多餐具、酒器，归还时便留下几件。金鸡虽有察觉，但也没有破面向财主索要，以为他是无意丢失了。谁知财主却得意起来，自以为聪明，贪心更大了，慢慢地生起偷盗之心。于是，经常以玩洞为幌子，趁金鸡不注意，偷去了不少金器。时间久了，露出马脚，善良的金鸡决心要狠狠地惩罚一下这个贪心的财主。

一天，贪心的财主又溜进洞里，腰里还塞了一只小布袋，一件件金器被暗暗地塞了进去。金鸡发起神威，用金色的翅膀猛击山洞的石壁，只听得轰隆隆一声巨响，洞口倒塌了，贪心的财主被埋在了洞中。从此，人们再也看不到美丽善良的金鸡了，金鸡洞也只留下了一个碗口大的洞口。

叫花子投胎中状元

口述：吴敬元　搜集整理：齐永志

在很久以前，有一个老叫花子，心地不晓得有多好，周围四五个村里的人出远门办事或走亲戚，都叫他看门。

老叫花子帮人看门，从来不要人家一分钱，不吃也不喝人家的，自己住在土地庙里，乞讨为生。

当地有个叫王小楼的，家里十分贫寒，连老婆也养活不了。一天，他找到了老叫花子，要把自己的老婆送给他。

老叫花子这个人呢，要多好就有多好，他当面答应下来，等王小楼走后，就把平时讨来的米做了一顿饭，让王小楼的老婆吃得饱饱的然后趁着黑夜赶了七八里路，把她送回了娘家。过后，老叫花子每天都将讨来的米送到王小楼老婆的娘家去。整整三年，老叫花子天天讨米天天送去，养活了她一家。这三年王小楼先是讨饭度日，后来东讨西讨地也借了点钱做生意，发了财。他发财之后，又想起了老婆，要从老叫花子那里要回来。

这一天，王小楼来到土地庙找到了老叫花子。老叫花子见面就说："快去你丈母娘家把老婆接回来吧。"王小楼十分感动，当即就要送银子送米感谢他。老叫花子说：“我孤身一人，有这个土地庙住住就行了，要银子没得用，你们留着好好地过日子吧！”

王小楼没法报恩，就找人做了一块匾，挂在土地庙的门头上。匾上写了四个字“同妻归夫”。

又有一天，一个姓刘的生意人，背着三百两银子，路过土地庙，走累了，就在庙前的石供桌上坐下来休息。他抬头看到了挂在土地庙门头上“同妻归夫”那块匾，满腹狐疑，便同老叫花子聊起天来。当他晓得事情的头尾后，还是不相信老叫花子有这么好心肠，想试他一试，于是假装丢下银袋，就近藏起来偷看动静。

老叫花子送走生意人，回身发现供桌上有个布袋，打开一看，是一袋白花花的银子，他赶忙背袋出门，去喊生意人。可是喊了几遍也没有回声，他一想就一屁股坐在供桌上守着银袋，等人来取。

整整一天，他没出门讨吃，肚子饿得咕咕叫。天黑了，才见那生意人急慌慌地跑了来。叫花子见面二话没说就把那袋银子往那人面前一搁，说：“你丢了银子不急，我肚子可饿得难忍了。”说着拿起要饭箩就走。

生意人心里有愧，急忙喊道：“老人家，我对不起你，送你几两银子吧。”老叫花子急忙摇着手说：“我不要，我不要，你以后出门小心就是了。”边说边走，他要赶时间去讨一顿饭哩。

姓刘的生意人后来也给老叫花子做了一块匾挂在土地庙的门头上，匾上也写了四个大字“拾银归主”。

说来也怪，这个老叫花子后来在一次下暴雨时竟被雷给打死了。

老叫花子死后，人们议论纷纷，都说老天不长眼，做好事没有用，老叫花子这样的好人，还是被雷公打死了。

二十年后，忽然来了一位新科状元，在土地庙前摆案敬香。人们好奇，纷纷赶来看热闹。不看则已，一见面人们大惊，原来状元的长相跟老叫花子一模一样。

大家这才醒悟：是老叫花子投胎中了状元。于是，众人齐口连声地叹道：做好事总归有好报，今生不报来世报。

空捞明月两三罾

口述：刘学忠　搜集整理：王建生

何如宠是何家青山的，做了宰相。

何宰相自己精明过人，养个儿子却孬不性昏的，十几岁都不晓得事项，连一句话都讲不圆。

何宰相就急这个儿子。左思右想没法子，就拿一把罾给儿子，叫他一个人到江边去扳罾，扳不到鱼就不要再回家门。

时间过了一个月，何宰相不晓得儿子变成什么样子了，就叫家里人到江边去看看。家人来到江边，天都黑了，月亮也出山了。何宰相儿子刚好起罾。家人就问他："可扳到鱼了？"

何宰相的儿子看看映在水里的月亮，叹了口气说道："唉，虾子小鱼无一个，空捞明月两三罾啰。"

家人见状，也摇摇头叹着气地回去了。

何宰相问家人："可扳到鱼了？"家人讲："没有。"

何宰相问："他可讲了什么话？"

家人回答："他说，'虾子小鱼无一个，空捞明月两三罾'。"

何宰相一听一蹦老高，拍手大笑说："我儿开窍了！我儿开窍了！"

后来，他这个儿子能说会道，还中了状元。

救 命 鸟

口述：刘学忠

枞阳有座“乌鸡山”，上山有种鸟叫“救命鸟”，这种鸟叫起来与其他鸟叫声不一样，你仔细听它的叫声为“烟抽伏地”。据说这四字救了一百多人。

咸丰六年（1856 年），太平军到了枞阳，战士住在百姓家，帮百姓做农活，插秧割麦，点豆锄瓜，闲时帮百姓撒网拉鱼，太平军给百姓做好事，地方青年又参加了太平军，咸丰七年（1857 年），枞阳会议后，太平军离开枞阳到三河镇去了。驻扎在安庆的清军知道太平军走了，于是来枞阳杀人烧房，凡是太平军住过的村庄，统统杀尽烧光。

清军来了，百姓跑兵反，跑上乌鸡山，躲进山洞里。这口洞可大了，据说有一里路宽，十里长，能住几万人马。

百姓躲进山洞里，派人拿着刀，提着枪，轮流守在洞口，清兵进来就杀。清兵赶到洞口，看洞里黑漆漆的，谁也不敢进洞，清兵进一个被杀一个，死伤十几个，久攻不下。清兵头头想出一个毒计，命令部队搬柴草堆在洞口，点着了后，用扇子狠命往里扇，把浓烟扇进洞里，想把百姓呛死。

浓烟进了洞，开始不觉得，后来就受不了了，个个留下鼻涕眼泪，喉咙喘不过气来，紧跟着就有人昏倒。这时，忽然听到洞外有一种鸟在叫“烟抽伏地、烟抽伏地……”有个女的很聪明，大声喊道：“烟抽高子，屁抽矮子，鸟叫烟抽伏地，伏倒地下就有救了。”大家认为有道理，一个个伏在地上，嘴贴在地面吸气。果然不错，人们呼吸正常了，山洞里人全都活下来了。清兵在洞外烧了一天一夜，听不到洞里有声音了，以为洞里人被烟熏死了，也就退走了。

清兵走后，人们从洞里爬出来，都回到了自己的家里。百姓回村后，都认为之所以能活下来，全亏鸟叫“烟抽伏地”。他们感激地叫它“救命鸟”。

请 先 生

搜集整理：钱新华

从前，有一官宦人家，要为七岁孙儿选聘一位教书先生。

应聘的人倒不少，可没有一个人中主人的意。

有位书友把这事告诉了张秀才，说：“难啊，这老头要面试。”“面试什么?”“有时他出上联，你得对下联。或者，叫你代写书信等。”张秀才听了，笑道：“我倒要去试一试!”

第二天，张秀才果真应聘去了。主人热情接待，寒暄几句之后，就啰唆开了：“我要写封信到鼓店去定制一只鼓。这只鼓，鼓皮要绷得紧紧的，鼓钉要钉得密密的。晴天敲起来‘咚咚’响，雨天也能响‘咚咚’，请你大笔一挥。”张秀才听后立即就写，一封信除了落款，正文只写了“紧鼓密钉，晴雨同音”八个字。主人老爷看了，连连点头：“先生真乃高才，我的小孙孙就拜你为师了，束修（即薪资）翻倍!”

“鹅头”先生

搜集整理：周建家

周潭过去有位出名的“鹅头”先生，先生姓王，为晚清秀才。“父母在，不远游”的古训在他脑子里根深蒂固，兼乃独子，为侍奉双亲，他毅然放弃了许多出去闯荡的机会，朝夕陪伴在父母身旁。祖上留下的一点微薄家财，也不能等着坐吃山空啊！无奈，他只好腾出一间房子，以开办家塾来维持一家人的生活。他深知“为人师表”的真意，所以他除了在教学上非常认真外，在言行举止及个人形象上也都特别的注意。一张俊秀的脸上带着天然的书生气质，清瘦的身材一看就是个先生，一条及膝的长辫丝毫不乱，一年四季，长袍马褂从不离身，即使是三伏酷热，他都会穿戴整齐，所以不到三十岁，乡亲们就开始称他为“老先生”了。

从老先生变成“鹅头”先生，最早还要缘于他所作的那篇祭文。满七去灵那日，天公也显得异常深沉，老先生孝道啊！一篇祭文凄凄惨惨几千字，他饱含深情独跪在灵前悲伤地泣咏。刚开始，他那份哀情的确有些让人心酸，可那篇祭文也实在是太长了，好像没完没了似的，帮忙的人也就显得有些不耐烦了。正在此时，又下起了小雨，有人赶紧过去劝他：“老先生节哀吧！先别念了，你的孝心大家也看到了，下雨了，你还是赶快发火吧，等冥屋淋湿了就不好烧了！”老先生换了一口气：

“生为人子，不可不孝，祭文乃心，岂可断也?”还没等那人再作解释，他又接着念将起来。可惜！还没等他念到“呜呼！哀哉!”一阵暴雨早把那冥屋打成个“稀巴烂”。老先生哭天喊地：“天哪！你不公啊！你要至我于不孝之地啊！……”那执着的神态，搞得大家哭笑不得。从那以后，“鹅头”先生就成了他的别称。

老先生老了，子女孝敬，随着学校的兴起，老先生也算是退休了吧！可他仍然放不下那些书，六十多岁每晚还坚持挑灯夜读，昏暗的香油灯，自然把那双老眼折腾成高度近视。当时条件差，也没副眼镜，老先生便成了半盲状态。

农村里人夏天都喜欢在竹床上吃饭。正值农忙，一家人吃完午饭，忙着到田里干活去了，老先生难得料理一下家务。他收起碗筷转身到厨房里去洗，一只白色老母鸡登上竹床觅食，又戏剧性地拉了一泡屎。老先生洗好碗，再回来准备抹竹床时，那只鸡见来人，一下子飞了，老先生迷迷糊糊地看着那泡鸡屎，以为是掉下来的菜。老先生一生节俭，知道粮食来之不易，于是自言自语地说：“看看这些不肖子，一点出息都没有，饭菜岂可这样浪费?”老先生也就顾不得斯文，边说，那手就拈起那泡鸡屎丢进了嘴里。“呸！呸！呸！原来是鸡屎，这只烂肚子鸡，岂有此理！竟敢在竹床上拉屎，等一会我不打死它才怪!”

傍晚，儿媳妇提前回来准备做饭，顺手把个带水的白茶壶就放在竹床上，老先生从房间里出来，一眼就看见了那只“烂肚子鸡”。恼羞成怒的他，没等儿媳妇反应过来，抄起房门口的扁担就来个横扫千军，“哐当”一声！茶壶四开八裂。老先生真的傻眼了：“哎哟！我的茶壶呀！这可是祖传景德镇的茶壶啊！我还以为是那烂肚子鸡呢!”他拍着大腿伤心欲泪。儿媳妇赶紧过来安慰，问公公怎么回事。老先生也不护短，就把前因后果向儿媳妇一一道明。那个怀孕的儿媳妇听着公公的诉说，看着公公滑稽的神情，差点就把“肚子”笑掉了。

老先生的眼睛真是个问题，闹些笑话是小，有时还把自己害得不轻。有次他到女儿家作客，那天下着雨，老先生打着一把新买的洋伞一路飘摇，进门后收好伞，看见女儿家洁白的墙上钉着一颗“洋钉”，便把伞顺手往上一挂，哪知“洋钉”变成苍蝇飞了，那伞“哧”的往下一掉，伞尖正好“啄”在老先生的脚背上，痛得老先生直喊“哎哟”！女儿跑过来心痛地埋怨：“伞靠在门口不就行了吗？眼睛又不好，喃！把脚都戳破了吧!”老先生振振有词：“唉！你这孩子！伞乃不祥之物，岂可随便乱放?”女儿看着父亲的那副神情，只好无奈地摇头。

又过了几日，为了外孙的学业，老先生再往女儿家，那天也下着雨。老先生一进门，就看见墙上的那只“苍蝇”，心想：上次就是那只苍蝇害的。一边在想，巴掌就扇了过去。愤由心中起，恶从胆边生，那一巴掌力气还真不小，不想那“苍蝇”不飞了，把个手掌心戳得鲜血直淋。女儿出了房门，看着父亲那血淋淋的手，哭笑不得：“上次你说伞不能乱放，我想想也是，就在那里钉了一颗洋钉好挂伞，你偏偏又把它当苍蝇，哎！我的个外公啦！你真鹅头鹅脑地了！明知道自己眼睛不好，你就不能先摸一下?”“你这孩子，又不早说，我还以为是苍蝇，怕它飞了，哎!”看着父亲的憨态，女儿无语了。

老先生越来越“鹅头”了，再说一下伞的事，才能让你更加明白他“鹅头”到什么程度。某日，老先生到虾溪去访亲，出门时，天公不作美，老先生带着雨伞以防不测。走到竹园村的时候，云开雾散，又出太阳了。老先生一辈子讲究礼节，认为一个大晴天带着雨伞去访亲是不吉祥的。此时，路边正好有棵树，老先生想：何不把伞挂在树上，等回来时再取呢，这样即免得人家说我“鹅头”，也省得自己麻烦，一举两得，何乐而不为？挂好伞，老先生转身就往虾溪方向而去。下午，老先生沿路而回，径直来到树下。抬头一看，哪里还有伞。老先生眯起双眼向四周环顾，巧了！不远处正好有个小姑娘打着把伞在放牛。他高兴地跑过去："小姑娘啦！我要回去了，赶快把雨伞归还于我！"小姑娘莫名其妙："你这老先生什么意思？我的伞为什么要给你？"老先生摇头晃脑："姑娘！君子爱财，取之有道，拿就拿了，还不承认，岂有此理？""你这老头子，胡言乱语的，谁拿了你的伞？你才岂有此理！"你一言她一语，老先生最后还跟那个十几岁的小姑娘拉扯起来，幸亏小姑娘的爸爸即时赶来，一看是"鹅头"先生，小时候还是自己的恩师，知道没有办法跟他解释清楚，便把伞给了老先生。老先生回到家里，心中还愤愤不平，老伴问他怎么回事，老先生便把经过一五一十地讲给了老伴听。老伴赶紧拿伞一看，"哎呀！你这个老糊涂，这伞哪里是我家的伞，还跟人家小姑娘吵嘴，你真好意思？"老先生羞愧不已，急忙叫儿子连夜把伞送还给人家，出门时还再三叮嘱儿子一定要代他向人家赔礼道歉。儿子走后，他自己也叹息起来："哎！世风日下，人心不古，一把伞也无安身之地了，看来我真是鹅头啊！"

老先生虽然有点"鹅"，但文采的确不错，一辈子也培养了不少得意弟子，加之他宅心仁厚、刚正不阿、乐于助人的性格，乡亲们对他非常尊重。农村里办红白喜事，难免有些抄抄写写的事，老先生都会随叫随到。特别是为老人仙逝作祭文，他会根据家属要求的篇幅，真情地为逝者歌功颂德，每每都能催人泪下。老先生知道生命快要走到尽头之前，也为自己准备了一篇祭文，其中有一段后来还一直被人传诵："生不逢时，学非所施。为求斗米，诲人孜孜。启蒙授业，顽童吟诗。春风柔情，桃李生枝。说是鹅头，其心不痴。憨态可掬，佛心广施。洁身自好，仁德为师。心中之志，绿水咏之……"老先生这回好像又不"鹅头"了，短短的一篇祭文，十几分钟就读完了，或许，他是怕儿子也成了"鹅头"先生吧！

何方的故事（四则）

搜集整理：周建家

一、吃了原告吃被告

话说清末民初，东乡有个叫何方的人，名闻乡里。此人恃其识得字，断得文，又伶牙俐齿，能言善辩，能把藕粉说成莲花，专好卖弄口舌，讹诈人家钱财，成为独霸乡里的讼棍。

传说有一户人家，养了一只良犬护院。一日，此犬为牛车轧死于大路之上，主人心痛不已，要状告车主。于是找到何方，叙述案情，并奉上重礼。何方很快写下一诉状，交付原告到县衙投递，声称县太爷看了此状，官司必赢。诉状文曰："你家牛车碾碾，轧死我的家犬。若非谋财害命，也是歹心不浅。"果然，县太爷令衙役将被告押来，三十大板后断其赔偿原告 5 块大洋，罚款 10 块大洋，否则以谋杀家犬罪关进大牢。这下吓坏被告，自知不妙，嘱家人准备赔偿金赎人。熟料何方叫人传话于被告家人，只要奉上一半金，可令无罪开释。被告家人知其手段，自然应允，立即奉上 10 块大洋。何方见银子到手，为被告写了状纸反诉原告曰："我家牛车走走，轧到一条死狗。倘若不是死狗，为何见车不走？"县太爷看了状纸，觉得很有道理，将原告捕来，打了二十大板，判其用死狗讹人，罚其交县衙10块大洋罚金，责令其今后要做良民，不得使刁耍奸。结果让原告竹篮打水一场空，赔了银子死了狗，却无处申冤。此案为何方两边黑吃，县官昏庸，全然不察，颠倒黑白。从此，何方名声大震，乡里凡有纠纷讼事，都找何方写诉状，银子便源源不断流进何方腰包。

二、博冷面美人一笑

何方还喜欢与人打赌赢钱。东乡有个王市集，集镇上有一家豆腐坊，很有名气，生意颇好。不仅是豆腐做得好，更因卖豆腐的何仙姑是个大美人，人称"豆腐西施"。但何仙姑是个冷面美人，对人从不开笑脸。有人便激何方，你要有本事，让何仙姑笑一下，我办酒一桌请你。何方说："这有何难？"竟爽快答应了。第二天，打赌的人和证人，事先在何仙姑豆腐店对面的茶馆喝茶，看他如何逗笑何仙姑。

临近豆腐店，便看见何仙姑正在豆腐坊门前招呼生意。何方从怀中掏出一个物件，这是一只新夜壶，里面装了些酒。何方将自己的嘴伸进夜壶嘴里，一路仰头作饮酒状向豆腐坊走来，引起围观者哄笑不止。豆腐西施见前面如此热闹，也不免好奇向前张望。这下正中何方下怀，他更作醉汉夸张状向何仙姑这边走来。何仙姑见状，忍不住扑哧一笑，竟笑得前仰后合，直不起腰！回过气来时，已是面若桃花，越发可人！此时，一应证人与打赌者都过来庆贺何方，拥进酒店喝酒去了。

一时间，何方持夜壶饮酒，博冷面豆腐西施一笑的故事便传遍乡里，成为美谈。豆腐坊的生意也更加红火，男人们都喜欢来买豆腐，希望有好运看到豆腐西施的笑容。

从此，人们便把男人占美女的便宜、揩油叫作“吃豆腐”。

三、让豆腐西施系裤带

何方博得冷面美人一笑，赢了一席酒。席上，众人都夸何方了得！何方不以为然地说：“这算什么？我还可以让何仙姑为我穿裤子呢。”这个海口大家都不信，认为牛皮也吹得太大了。何方说：“谁敢再赌一把？我若输了，摆三天酒请你们。你们输了，连摆三天酒宴请我。”众人根本不信，便齐声应允。众人都知其手段，为防他耍赖，找来纸笔，当场写下赌约，空口无凭，立字为据，一心都要吃何方的罚酒才痛快。何方的条件是具体时间由他定，众人都齐声应允。

转眼盛夏已到，那时的男人大都赤裸上身，下穿一大裤衩，没有裤带，只把宽大的裤腰扭个结，压进腰间便可，十分妥帖也很方便，劳动时一用劲会更紧实，根本不会掉下。这天，何方通知一干赌友及中人，让他们去看他如何叫何仙姑为其穿裤子。

过去做豆腐都是用小方木箱里垫上老土纱布，将豆腐脑装箱压制而成的，豆腐是一块块四方正正的方块，没有容器装是拿不住的。这天，何方没带任何容器，到豆腐坊买两箱豆腐，叫何仙姑放在他两只手掌上托住，不出意外的话，也还真行。托稳两箱豆腐后，刚一抬脚走，便听何方大叫一声：“哎呀，不好！”何仙姑被吓着，忙问：“先生怎么了？”何方装着不好意思的样子，轻声对何仙姑说：“仙姑，我刚才托豆腐怕掉下来，吸了口气，不成想这裤衩松了要掉，这可怎么好！我又没手来系，就是豆腐放下也来不及了。我这老脸倒不要紧，仙姑你如何是好啊？”何仙姑一时神情慌乱，没了主张。何方见时机成熟，便说：“不如仙姑帮我把裤腰扎紧，万事俱好，免了难堪。”惊慌之中，何仙姑来不及多想，最担心何方裤子掉下，那笑话就大了！便不假思索，立即帮何方扎紧裤腰，扭得实实地，感觉没事了才松手。转过身去，却笑得不能自已：“真是又好笑又好气！这个行为放荡的家伙，买豆腐也不带个家什，亏得裤子没掉下，真是万幸了”。何仙姑一旁暗自庆幸哩。那厢一干人看傻了眼，这回输惨了！还让这家伙捡了仙姑的便宜。何方得意忘形，托了两箱豆腐，径直向约好的酒店走去，白吃白喝了三天。

四、大道拦美闻酒香

且说何方得手，赢了众人酒席。大家心里都憋着一口气，总想报复这小子一下。几个年轻好事的后生，又想出一绝招撺掇何方。王市集早市很兴旺，每逢三六九，四乡八里有许多小媳妇结伴来买些自己需要的针线粉盒什么的。这些小混混竟想出坏招，要何方在大道上拦下那些少妇亲嘴，再赌三天酒席，志在把上回输掉的酒席扳回来，也许还会让何方挨一顿臭骂或臭打，也好出出气。何方是何等刁滑之人，内心更明白这损招的后果。但这等下三滥的勾当，本来就是他的强项，想了想不愿认输，便一口应了这个赌局。这天，他们如约来到出街口一里外的大道，何方吩咐众人和他一起在路边麦地里躲下。将近集市结束，只剩下这些婆婆妈妈的小媳妇们满载而归，嘻嘻哈哈一路往回走。此前，何方神不知鬼不觉已在路中间放了一只小酒壶，但等这些女人走近酒壶，何方一个箭步从麦地垄中跳上大路，大声嚷嚷：“你们哪个喝了我的酒？一个也不准走，赔我酒来！”吓得这些小媳妇乱叫，都分辩自己没喝酒。何方一口咬定：“我刚到麦地解个手，这酒就没了。就你们几个经过，不是你们会是谁喝的？”逼得这些小媳妇炸开锅似的喊冤枉。俄顷，当中有个胆大的女子好像一下子醒悟过来似的，放胆说道：“就是没喝！不信你闻闻，一点酒气都没有？”众女子立即像放鞭似的说：“你来闻闻，没喝就是没喝！”何方正等这句话，忙不迭凑近众女子嘴边，逐个都闻了一闻。闻过一个便附在人家耳边说：“你满嘴香气，没酒气。你走吧。”他把小媳妇全放走了。那些没见过世面的小媳妇，哪知就里，早一溜烟跑得远了。这边麦地里远远望去，就像何方与小媳妇们在一个个亲嘴，又见何方在说些什么亲热的悄悄话，气得那些小混混在麦地里直跺脚，叫道：“又让这狗才赢了！少不得大家又要破财了！”

秀才与娘子

搜集整理：曹忠亚

（一）

从前，有张三和李四两个秀才赶考。临走的头天晚上，张三娘子就将秀才的衣帽等物收拾好放在了棺材上。早上秀才临出门时，问娘子："我的包裹在哪里啊?"娘子说："在棺材上。"因"棺材"谐音"官、财"，民间便有借"棺材"而有"官"有"财"之说。后来，这个秀才果然就中了状元，做了官，发了财。李四不知赶考还有这样的讲究，结果名落孙山。

李四落榜后，自认为学问不差于张三，虽然心里不爽，但也只好低声下气地去向张三讨教。张三就把考前的这个诀窍告知了李四。李四恍然大悟，回家就和自己娘子说了，李四娘子嫣然一笑："这还不是件容易事?"夫妻二人就把这事记在了心上。终于又到赶考的时候了，李四娘子便如法炮制。李四娘子也是读了点书的人，总感觉到说棺材不雅，就在李四问包裹在哪时，便回答说："在寿器上。"寿器实际上也就是指棺材。谁知就这么点区别，结果李四又落榜了。待李四回家娘子问考得怎样时，李四大发雷霆：“你还问呢！全怪你，不但没考上，还受了一肚子冤枉气！”娘子大惑不解：“没考上怪我，我就不说了，但你受气怎么怪上我了？”李四说：“那天临出门好好的‘棺材’你不说，非说什么‘寿器’，我当时也以为没什么，现在终于明白，我这回不就是‘受气’而归吗？还指望能考上么？”

（二）

话说有个秀才刘六，在赶考的头几天晚上接连做了几个怪梦，白天醒来后便时常叹气。他娘子见状就问怎么回事，刘六于是吞吞吐吐地说了梦境：一个梦是梦到秧苗种在了墙壁上；一个梦是梦到自己在墙头上骑马。刘六最后懊丧地说：“你看，这岂不是白忙活了一通，又玄乎又危险吗？”娘子一听反而呵呵一笑：“郎君啊，恭喜！恭喜！今秋我保准你会金榜题名了！”刘六忙问：“怎么说？”娘子就说：“这梦好着呢！秧苗种到了高墙上，不就是‘高中’了吗？墙头上骑马，不就是‘马到成功’吗？你该高兴都还来不及呢，发什么愁啊！”刘六一听觉得有理，高高兴兴地去赶考，结果真个如他娘子所说：中了！

（三）

秀才何七家很穷，弄得有一年的大年三十几乎揭不开锅。何七在三十的早上硬着头皮来到了屠户家，赊了一个猪头带回家。娘子很高兴，就将猪头放到铁锅里去卤，准备好过年。锅灶火尚未熄，不成想屠户闻人说秀才家穷得叮当响，怕秀才以后还不起猪头钱，急急忙忙地赶来找秀才要猪头。何七说：“猪头已在锅里煮了，你就赊给我吧，我保证会还你钱的。”哪里知道，这个屠户非常狠心，竟不由分说跑到灶房内拎起猪头就走。秀才何七伤心得眼泪直流，他娘子自然也难过，但还是很有分寸，劝秀才说：“郎君不必哭涟涟，落人猪汤好过年。有朝一日时运转，时也年来日也年！”秀才在娘子的鼓励帮衬下，后来果然时运大转，得偿心愿，中了状元，做了大官，发了大财，过上了“时也年来日也年”的好日子。

陈　九　姑

口述：纪杏珍　施养吾　刘学忠　搜集整理：缪文渭

同治五年（1866年）九月，枞阳金渡镇街头挂着一个人头，粉墙上贴着一张告示，上面写道："老贼刘三通，暗害先师陈直，女儿回来报仇，杀死老贼，罪有应得。"下面署名："绿旗军陈九姑。"刘三通是个什么人呢？是个大地主。上通官，下通匪，中通痞民，所以号称"刘三通"。

听说财主刘三通被人杀了，人头挂在大街上，轰动了全镇。大家慌了，"不得了，绿毛子来镇上了，赶快跑！"地方官叫地保敲锣，地保不分青红皂白，遵照地方官的命令，敲锣喊道："绿毛子来了，赶快跑啊！"这一吆喝不得了，老百姓顿时乱作一团。这个地区本来很太平，说长毛来了，就不太平了。听说长毛子太平军是天兵，来无影、去无踪。家家慌慌张张带着口粮、背着行李、拖儿带女、搀扶老人，上山的上山，下白荡湖的下白荡湖。有的人莫名其妙，慌慌张张跳下床，乱窜乱跑没个方向。有个瞎子朱光启，没弄清怎么回事，就被邻居拖上了船。

这次跑反规模大、范围广，连拔毛山、高庙山、五昌庙、史家湾、方家仓、周家湾、高家尖的人都往白荡湖里跑反。男女老幼直往船上爬，哪知道船小人多，加上风大浪急，船还没过乌金渡就翻了，船上的人全落在水里。乌金渡两旁泊的正是太平军的船，绿旗军头目陈九姑在船头看到翻船，立即命令下水救人。一声令下，绿旗军纷纷下水，直扑翻船的地方。这些人都来自水军，泅水技术好生了得，把百姓救了起来，凡活着的人都安顿在高庙山的一座庙里。陈九姑叫士兵们把干衣服脱下来给百姓换上，还让军营给百姓准备午饭。

安定后，乡亲们围在火堆旁边烤火边叙说遇救经过，陈九姑靠在门外暗暗地听他们谈些什么。

有人说："这些是什么人？跳下水救人，又给我们衣服穿，又给柴火烤湿衣？是渔民？怎么一个都不认识呢？"又有人说："不会是渔民，别不是湖匪吧？"有人驳斥说："不会是湖匪，匪是坏人，他们是好人，怎么能相提并论呢？"大家纷纷猜测着、揣摩着。

瞎子朱光启说："我问大家，今早我刚起床，脸还没有洗就被你们拖跑了，说绿毛子来了。你们看到了什么？"

"你还在做梦！"一个老年人说："刘三通昨夜被绿毛子杀了，人头挂在街上。"

"可知道是谁杀的呢？"朱光启问。

"纸上写得清清楚楚，是陈九姑杀的。"

"陈九姑？"朱光启大声叫起来："陈九姑回来啦！"

他对大家说："你们真糊涂啊，陈九姑是我的师妹，你们跑什么反啊？"说着流下了眼泪。

坐在庙门外的九姑也流下了眼泪。

其中有个员外，他来此地不久，不知道地方情况，问朱光启："陈九姑杀刘三通替父报仇，是怎么回事？"

朱光启叹了口气，说道："这话还得从十八年前谈起呀！

“我师父叫陈直，在南少林学了四年功夫，十八般武艺件件精通。回来后，我师父被刘三通雇佣当拳师，给他家看家护院。我就在那个时候拜他为师，学习拳术。道光二十年（1840 年），金渡两个姑娘上九华山敬香，一个和尚是个淫棍，将她们强奸后，囚在山上，不让她们回来。”说到这里，一个老太太哭起来，“你为什么哭？”老太说：“那两个姑娘，一个是我女儿，一个是我外孙女。她们俩到九华山，遭和尚强奸，姑娘不从，被打得头破血流，是我请拳师把她们救回来的。

“当时我师父要上山去救人，刘三通不同意，因为九华山那个和尚和刘三通有私交。我师父是个直性子人，专爱打抱不平。他不顾刘三通的反对，带着我们几人上山，把人救了回来。九华山和尚与刘三通密谋，欲将我师父除掉，可刘三通没这个胆量，一是师父武艺高强，没人敌得过；二是陈姓在当地也是大户，恐怕惹起家族纠纷。两人密谋先辞掉师父，再找机会下手。

“师父被解雇后，回到家乡七里头。我跟师父一道，住在师父家。一家三口人生活，师父、师妹和我。干什么呢？有两亩地，种萝卜。七里头萝卜是出了名的，又脆又甜，销售上江。我和师父、师妹经常去九江卖萝卜。后来，我们的行动规律被刘三通摸清了，他写信给他儿子，叫他儿子在九江把我们师徒三人除掉。刘三通的儿子是武官，九江把总，部下一千多人。有一次，我师徒三人到了九江，刚到市场就被清军包围了，刘三通儿子在马上大声喊道：‘陈直你逃不了了！’师父知道不妙，对我说：‘光启，带你妹妹快走！此次凶多吉少，我恐怕活不了了，假使我回不了，九姑就嫁给你做媳妇吧，不要辜负了她。’我们哭着说：‘跟刘三通结了仇，回家还能活吗？’师父说：‘孩子，听说太平军到了祁门历口石门桥，你们去投太平军吧，将来回来给我报仇！’

“话未说完，清兵已围了上来，刀枪直奔师父杀来，九姑拉我便走，我舍不得师父，把师妹推到，冲上去欲与清军拼命，被清军刺伤了双眼，倒在地下，后被同乡会的人拉上了船，捡回了一条小命。我的两只眼睛就是在那时候瞎的。时过六年，不知九姑下落，今天听到九姑的名字，多么高兴，多么想念她哟！遵照师父的遗言，我一直把九姑看作是我的妻子，没有再娶……”

说到这里，门外的陈九姑早已泪流满面，哭了起来。她的心像压了一座山似的难受，她再也忍不住了，她一下子冲到火堆旁，抓住朱光启的手，含着泪水说：“师兄，你刚才说的师妹、你想念的九姑就是我，我就站在你的面前。”

“九姑——”朱光启惊呆了，周围的人也惊呆了，个个望着她和朱光启，似乎是在做梦。不！不是梦，是现实！刘三通是她杀的吗？他十分激动，恨不得上前紧紧抱住她，但在众人面前，他压制住感情，紧紧抓住她的双手，“哇”的一声哭了出来，眼泪滴在九姑的手上，屋里人全哭了。

这时，送午饭的人来了。一盆红烧肉，一盆盐水虾，一盆红烧鱼，一盆青菜豆腐汤，一桶米饭。百姓这才明白，跑反跑到自家来了。谁下湖救他们、谁给他们干衣服穿、谁送饭给他们吃，就是太平军旗下的绿旗军，而这个绿旗军的头头就是陈九姑，军民成了一家人。九姑说：“本来就是一家人，一家人不说两家话。乡亲们，跟绿旗军一起干吧……”

百箩丘故事

搜集整理：钱新华

相传很早以前，初夏的插秧时节，有一外地年轻货郎，挑着货担，摇着“不咚”鼓，来到村头大栗树下兜售小商品。一群做田准备栽秧的人经过这里，其中有人抱怨道：“这田大得怕人，简直是海田，不晓得要插到哪天？”年轻的货郎一旁应声道：“这有什么好怕的，只要有人帮我分好秧，我一人只要一天时间就可以把这大田插完。”在场的人都笑着摇头，认为他是在吹牛。谁知他急了，提高嗓门高声嚷道：“我是讲真的，不是讲着玩的。”于是，有人问他可有胆量打赌。货郎斩钉截铁地说：“这有何不敢？”便主动地说：“如果我输了，便将这货郎担子留下，光身走人；如果我赢了，”他停顿了一下，瞅了瞅人群中一位俊俏的姑娘，指着她说，“你们就将这妹子许配给我为妻。”庄上人都怀疑他未必有这个能耐，就爽快地答应了他，等着看他的笑话。

一夜无话。第二天一早，货郎早早地来到田边，从容地挽起裤腿袖子，众人按他讲的，为他拔好秧把，均匀地甩撒在田中。只见货郎身轻如燕，手疾眼快。特别是那右手如缝纫机针头点水，在水田里来回转动。不消片刻，面前的水田里就生出了一丛丛绿油油的秧苗。庄上人哪里见识过如此神速的插秧能手？整条田埂都站满了围观的老幼妇孺。个个向他投来敬佩的目光，竖起了赞叹的大拇指。到了晌午饭时间，田里秧苗栽插也已过半。为节省时间，货郎提出把饭菜送到田头就地用餐。饭后，货郎没有休息，继续着他的神速。临近傍晚，一望无边的百箩丘秧田所剩无几。俊俏姑娘的母亲欣喜地看到偌大的秧田即将插完，忙从家中端来一碗刚煮的糖打鸡蛋，来到田头犒赏未来的女婿。喜滋滋地招呼着货郎说："伢子，你这门亲算结妥了！快上来喝口水吧！"谁知人的命运，往往就是在那最后一刻出现了变数。就在这充满着幸福与成就感的一刻，货郎由于一整天没直腰，可能是造成腰椎骨长时间强迫性弯曲而又猛然抬起身子。只见他身子还没有站直，突然一软，瘫倒在仅剩下不足几十平方米未插完的秧田中。一个活鲜的生命，转眼间就这样消失在异乡的美梦中。

秋收时，这片被神手货郎一日栽插完的大田里庄稼特别喜人，其收成打破了历年最高纪录。庄里人将所收的稻谷装箩过秤时，足足装了一百个稻箩。庄里人在收获惊奇的同时，为了不忘这位年轻有为、有缘而无分的后生，故将这片似一口小圩子的大田命名为"百箩丘"。

财女谢丁香

口述：江阴谋　搜集整理：吴荫根

从前，水圩的谢家有一财女，名叫谢丁香。不知什么原因，她能点石成金，人到哪，财就到哪。结婚后，谢丁香对丈夫一片忠心，丈夫却起了外心，经常跟外面女人七搭八搭的，很不正经。有个女人在谢丁香丈夫跟前挑拨说：“你家老婆真没用，跟你成婚三年，不生不养，要她做什么事呢？要是我十个儿子也生下来了。”谢丁香的丈夫回家便骂道：“你跟我三年了，就是狗也能过一窝了。”谢丁香说：“这能怪我吗？只怪你家那个亲娘，找个古怪木匠打张古怪床，叫我怎的生儿郎？”后来两个都不照，骂一顿打一架，就离了。

谢丁香出了门，她倒骑驴子跑到晚，跑到一个山凹，在一户老妇人家里住下了，晚上，谢丁香问老妇人：“你家里还有什么人？”老妇人说：“我家只有一个小瘌痢儿子，年纪跟你差不多大。”“可有媳妇？”“没有。”“我就做你儿媳妇吧，你老人家就是我的婆妈妈。”说后拜了三拜。第二天谢丁香就跟小瘌痢成亲，做了夫妻。

小瘌痢家穷，靠砍柴买米度日。谢丁香拿块金砖叫小瘌痢买粮食换衣衫。小瘌痢接过金砖一看笑笑说：“这东西我家屋后多的是哩。”谢丁香是财女，人到哪财到哪。她晓得小瘌痢错把土砖当金砖，也笑笑说：

“那你就把那些金砖全部搬来，拿到街上去换钱吧。”谢丁香这么说，屋后的土砖果然都变成了金砖。

谢丁香叫小瘌痢到窑厂订砖瓦，那窑师傅说：“你小瘌痢不要瞎扯哟，挑柴买米担子压，头伸得像红辣椒，哪有钱做屋，你要有钱，买一半我送你一半。”小瘌痢把一大撮钱往下一掼：“算数。”小瘌痢把砖瓦买回家，又到木料场买木料，木料场伙计也像窑师傅一样瞧不起他，小瘌痢又拣巧买了木料。做起了房子，不晓得有多阔气。前后左右九九八十一里都来恭贺。这个时候谢丁香的前夫，讨饭到了家门口，前夫不认得谢丁香了，可是她不记前仇，还做包子给他吃。包子一共做了一百个，九十九个用金锭子装心，只有一个没装。谢丁香的前夫就把那个没装锭子心的包子吃了。把余下九十九个带走，准备留着慢慢吃。他走到一个渡口，过了河，老板要船钱，他只好把九十九个包子递给他算过渡钱。第二天船老板又把包子作为贺礼送给了谢丁香。谢丁香接到包子，一数，正好九十九个。谢丁香叹口气说：“宝贝不落贫人手，富贵还是归我家。”

何如宠的故事（八则）

搜集整理：钱新华

一 梦龙抱柱

相传，许静斋许大官人（由太学任鸿胪寺序班，明万历时诰封奉直大夫）夜里梦见堂屋大柱上有个小孩向上攀爬，其动作如一条小龙缠绕着柱子。醒后颇感奇怪，于是占卦数日，均未解。忽然，有一天，一小伢为躲避犬吠，情急之中攀大柱而上，情节如同梦境。静斋公惆退家犬，询问得知此孩姓何名如宠，大喜。因“宠”字上有“宀”下含“龙”字，与梦意相吻合，遂留家中按亲戚礼仪款饭而去。接着又托人到何家提亲议婚。

二 链锁土地神

定下娃娃亲后，许大官人又将小如宠接到家中，聘请名师授课。塾师一天晚上梦见土地神向他诉苦，称其弟子用链铐锁他的颈子，请求给予去除。老塾师没把这事放在心上，结果连续多日，所梦都是同一内容。于是，老先生把小如宠叫到跟前，经询问得知，小如宠在课后玩耍时，用松针环扣成链铐，套在土地神的脖子上。老先生当即责令他赶紧拿掉。当日夜晚，老先生就梦见土地神前来叩谢他。

三 金丝红灯笼迎送

小如宠做完功课后，也同其他孩子一样，常常好玩至天黑才归家。其师经常远远地望见有两盏金丝红灯笼照送他回家，感到十分惊讶。忽然，一天晚上，只见一盏灯笼。第二天一早，老先生追问他："近来，可做么坏事?"答曰："无。"老先生让他仔细想想后，又回答道："前天，有人休妻，请我写休书，我不知作法，就写了'某年某月某休妻某氏'一纸给了他。"老先生顿时明白，神情严肃地对他说："这事有伤阴德，赶紧收回毁掉。"小如宠找到某人，称休书写法有误，应该重写一份。某人拿出休书，小如宠一把接过扯碎，掉头就跑了。当天晚上，老师又高兴地见到两盏红灯笼送如宠回家。

四 微服拜岳

何如宠入阁拜相后，来岳父家拜年。舅嫂笑问："为何不穿朝服来呢?"何如宠再三解释，朝服是拜圣上的。内兄嫂不依，如宠拗不过众舅嫂，答应明年穿朝服来拜。到了第二年正月何如宠着朝服来拜，岳父昏倒，朝府摇荡，地动山摇，鸡飞狗跳。无奈何如宠仍以微服拜年。

五　摇头提衣见世态

许大官人的大小姐，何如宠夫人，容貌一般，行路时常常不自觉地有摇头提衣的习惯，人们背后窃窃私语，暗暗偷笑。被册封诰命一品夫人后，满头珠翠，着一品服，长裙拖地，不断提起，容光焕发。于是，人们又称为这是贵人之相。

六　受礼惠民

何如宠赘婚时，许静斋大夫以“龚脍赛河”赠为陪嫁礼。何如宠不设管河人，让利百姓，随意业渔。因而龚脍赛河周围百姓丰衣足食，皆受何如宠施舍之恩。故至今民间仍流传着“何如宠不宠鱼”“何宰相不受财，河里鱼，让人抬”的民谣。

七　误鱼赔罪

有一年朝廷会宾客，客人再三请何夫人尝鲥鱼，何夫人说：“我在家吃鲥鱼是常常的。”宾客奇之，圣上吃鲥鱼都很少，夫人却常吃，不是胜过皇上口福？何如宠怕皇上得知降罪，有意携带枞阳产的白鲢子鱼进京，奏曰：“此乃桐城鲢子鱼，酷似鲥鱼。”以此证实夫人误认误言。故至今枞阳地方仍流传着“何夫人吃鲥鱼常常的”谚语。

八　与左光斗成为莫逆之交

何如宠与铮铮铁骨的左光斗，既同朝为官，又是同乡挚友。两人来往，轻松愉快，情同手足。某日，早朝前，两人在朝房外相遇，左氏一步上前，用手抚摸如宠的腹部笑问道："敢问何大人，昨夜得宠如何（将何如宠名字倒着念）呀?"如宠抬起左手摸摸自己的肚子笑道："啊呀，回左大人，我昨夜睡觉时，左手一直抚摸着光肚呢！（谐音左光斗）"于是，二人双目短暂相视后，开心大笑，手挽手地上朝去了。

护 国 庵

口述：陶章秀　搜集整理：陶筱亚

枞阳县城东下十九公里，长江边的凼山，有一座“护国庵”。传说明代朱元璋做皇帝前与陈友谅交战，被陈兵追赶，来此庵躲难。玉帝准了单方土地神的奏本，令土地神尽力护驾。土地神派凼山蜘蛛精网住此庵门窗，用拂尘起狂风吹灰掩庵外圣驾足迹。陈兵追至时，大惊曰：“明明见朱进了此庵，为何庵外无足迹，庵门全是蛛网。”乃退兵。

朱元璋免难后，用手指借供桌上灰尘，写下“护国”二字，故此庵名“护国庵”。据说九华山佛祖地藏王也亲来朝拜“护国庵”，一脚踏上凼山，山陷了半边，“护国庵”因而陷于山脚下，成了今天的样子。

卖菠菜的大嫂

搜集整理：钱新华

一位大嫂提了一篮菠菜上街去卖，迎面碰上三个买菠菜的人，一个秀才，一个和尚和一个轿夫。三人都说自己先来，弄得大嫂不知把这篮菠菜卖给谁好。

秀才自恃有学问，忙出主意说：“既然大家都喜欢这篮菠菜，那就以‘人人爱’为题，每人作首一字令（一种古体短词曲），大嫂认为谁作得好就卖给谁。”不料轿夫与和尚也同意。

秀才抢了个先：“单禾也是禾，添口便成和，去掉旁边口，添斗便成科，科场中举人人爱，我就买了这篮鲜菠菜。”话音刚落，就赶紧去提那篮子。大嫂阻止道：“慢来！”和尚焦急地搔了搔头皮之后也有了：“单青也是青，添水便成清，去掉旁边水，添争便成静，庵寺清静人人爱，我要这篮好菠菜。”说完，他神气地瞟了瞟大嫂一眼。只见那轿夫看了看大嫂篮上用红纸贴着的还没有褪色的“喜”字，不慌不忙地说：“单同便是同，添木便成桐，去掉旁边木，添水便成洞，洞房花烛人人爱，我愿买这篮鲜菠菜。”大嫂连声赞道：“好啊，好啊！我可不喜欢做和尚、尼姑，也没想过科场中举，二位，对不起了！”说着，就把菠菜卖给了轿夫。

绝色奇女姚香姑

口述：姚永健　搜集整理：王建生

清朝年间，岱嶅山出了一桩稀奇事，山脚下的姚家，生了一个绝色美女，取名香姑。香姑不光漂亮，全身还发出怪香，闻到香味的人都像喝多了酒一样，昏昏醉，她脱下来的衣衫，能香好几天，她用过的手巾更是人人都想得到的宝贝。

那一年，香姑到了出嫁的年龄，经人做媒嫁给了当时很有名气的张宰相。这段姻缘，男才女貌占全了，本来很美满，谁晓得张宰相性格憨直，惹出了一桩风流故事。

这一天，张宰相上朝拜见皇帝，皇帝闻到他身上有一股淡淡的香味，就笑着问："你身上怎么有股异香？"

张宰相见皇帝问，可不能说谎，免得落个欺君之罪，就一五一十地跟皇帝说了真话。这话不说还罢了，一说出可就惹出了麻烦。皇帝本来就风流，听到民间居然还有这样奇女子，心就痒了，暗想："我要不亲眼看看这女子，岂不枉为天子？"

但是，臣子的老婆，不免有失庭仪。于是皇帝就暗地里召见张宰相，要他把姚香姑偷偷带进宫来，并且许诺要用正宫娘娘跟他交换。

张宰相胆战心惊，又不敢不从，只好把姚香姑偷偷送进宫来，让给了皇帝。好个风流天子，一见姚香姑就色心顿起，留下住了三个月，连朝政也懒理了。后来还封了姚香姑为香妃。

香姑死后，墓葬岱嶅山，早些时候，还能闻到墓上的石碑隐隐冒出的香味呢。

破罡的来由

口述：胡惠甫 搜集整理：陶筱亚

“破罡”原名“破岗”。早在明代，桐城南乡有座山，名叫凾山，山下有条河，通向两公里外的白荡湖。凾山年年发山洪，通过小河流向白荡湖，而白荡湖年年发洪水，殃及周边农田。这地方居民以胡姓最多，胡姓为治水患，组织百姓在湖口筑岗防洪。凾山上有一块穴地叫“黄龙出洞”，属阮氏祖坟。阮氏认为，筑岗防洪，穴地的“黄龙”便不能出洞戏水了，于是破岗引洪。这样，胡氏年年筑岗，阮氏年年破岗，双方打起了官司。官司打到桐城县，桐城的徐县令是公正清官，但阮大铖在京城权势大，怎么解决这场官司，能够公正的裁决呢。到评理的那天，四面八方的百姓，奔走相告，去破岗看徐大人公断，都说去破岗，因而得名“破岗”。徐大人实地观察情况，同时听取百姓意见，当场公断：“国征田赋，民要生存，筑岗治水，利国利民，岗应加固，毋许引洪。”“破岗引洪，民无生存，引水戏龙，天理不容。”百姓听了拍手称快，赞扬徐大人胆识过人。阮氏不服，上京告状，阮大铖驾临桐城，在酒宴上，阮大铖从桌帷底下，朝徐大人肚子上狠踢了一脚，徐大人因此得病而死。

当地百姓为纪念徐大人公正为民，凑钱建“徐老爷厅”于破罡西部，内供黑脸塑像，“徐老爷厅”旁建水府厅。胡氏全族也立下族规，每年春秋，胡氏子孙先祭徐大人而后祭祖，违者罚赠徐大人黑袍一件。这一族规至民国年间才逐渐废除。当地的百姓，对阮大铖恨之入骨，说阮大铖是天上二十八星宿中的“罡”星，这“罡”星非破不可，于是改“破岗”为“破罡”，故破罡二字沿用至今。

江 百 万

搜集整理：汤跃武

传说从前源子港上街头以北有个江百万。未成百万之前，家庭也很富裕。有一年江百万年迈的父亲病得要死，晚辈们一起商量，找一块风水好的坟地安葬上人，能使江姓大发。经过多方打听，请来一位地星，江百万说老父亲可能要过世，请老先生来找一块风水好的坟地，地星当场答应了下来。第二天，地星在外边看了一天，太阳落山时对江姓晚辈们说：“好坟地倒是找到了一块，寅时葬卯时发，只是葬后我的眼要瞎，所以，我说出来后，你要答应我一个条件，包养终身。”江姓晚辈听了一口答应，并当场保证按长辈养，不另眼看待，就这样双方达成了协议。地星看上的这块坟地，离江姓住处约一里多路，在汤沟长河靠陈家洲圩堤拐处，长满了密密的芦苇，地形就像下水鲇鱼，鲇鱼地藏三四十人，外围一眼看去也不晓得。不几天江姓长辈病故，江姓晚辈们抬着棺材打着灯笼火把在寅时去葬坟，恰巧鲇鱼地有一伙强盗，不知从哪里抢来了许多金银财宝，用船装着藏在芦苇里准备等天黑运出去，看见江姓出棺葬坟的灯笼火把以为是官府抓人，被吓跑了。江姓葬坟时得了一船金银财宝，果然是寅时葬卯时发，成了百万富翁。

江姓发了大财，地星双眼果然瞎了，开始江姓从上到下男女老少对地星一片孝心，早晚问安，用金盆洗脸，像对待前辈一样供养，没有二心。日子一久，晚辈们对待地星也就无所谓了，换成用银盆洗脸，早晚也不问安了，甚至一日三餐也不如意了。地星心里恼火，想："江姓忘恩负义，不守信用，我还没有直正老得不能动，就另眼相待。日后生病，怎么好？再说这样的人家，也不能让他富。"有一天，地星对江姓族长说："依我算来，鲇鱼要跑，鲇鱼一跑你家就要败。"江姓族长急了忙问："老先生可有什么法子稳住鲇鱼不跑？"

"法子倒是有一个，要把他拴住！"

"怎样拴呢？"

"要在鲇鱼地头边开条新河，建造大陡门。"

江姓族长照老地星的话，建造了陈洲圩大陡门。造大陡门时淌了三天三夜铁锈一样的水（即鱼的血水），从此以后，江姓家业也就一天一天败光了。而今，昔日江家富甲一方的景象已灰飞烟散，只留下江家圩、江家桥等名称遗迹。现今源子港上街头有个"江家院"，废墟上仍有不少的石趸，据说是当年江百万家插旗杆用的。

麒麟桥的来历

口述：吴文恒　搜集整理：王建生

枞阳县城北面有一座麒麟桥。说起桥名的由来，可有一段故事哩。从前，这地方住着一个齐员外。齐员外家很富，生来信佛，又乐善好施。在这地方也还受人尊敬，员外五十多岁了，还没养儿子。老古话说：不孝有三，无后为大。齐员外天天急的就是这事，生怕断了香火，成了齐家的不孝子孙。有一年春天，雨水不断，山洪暴发，齐员外家不远的地方有条河沟，沟水涨满不能过人。行人要想过沟不得不绕几十里地的一个大弯。齐员外本来就是个大善人，看到这情形，就花了不少银子，在这里修了一座结结实实的石桥，方便过往行人。石桥完工前的晚上，员外做了一个梦，梦见送子娘娘笑嘻嘻地对他说："你命中本来无子。念你为乡里修桥铺路，积了不少功德，送你一个儿子，为你家续一脉香火。"接着便见一麒麟驮着一个胖胖的小孩子走来。员外连忙叩头，千谢万谢。他乐啊笑啊，笑醒了，他心里还是甜滋滋的。过了一个多月，夫人当真怀孕了，不久生下一个白胖胖的儿子。后来，齐员外为纪念麒麟送子，就把那座石桥命名为麒麟桥。

钱家桥的传说

口述：吴可珍　搜集整理：方淑君

钱桥镇老街，有一座桥，叫“钱家桥”，看上去像一支箭。很久很久以前，这里没有桥，行人一直是靠渡船过河的。有一年，钱尚书从京都回家探亲，得知这里吴氏弟子个个聪明，文章满腹，吴家氏族兴旺，十分嫉妒。心想：如果像这样一代代传下去，将来这里一定就是吴家的天下了，而钱家的势力只能是一天天衰败。钱尚书想着想着，十分恼怒，于是便心生毒计，决定在那里修座像“箭”一样的桥，箭头直指吴家祖坟地（即老人膀，又名棋盘地），想以这种方法来消灭吴家氏族。钱尚书回京后花言巧语地向皇上奏道：“陛下，微臣这次回家探亲，看到家乡流经七省要道的白家渡那条河，河面水势凶猛，河上没有桥，每年河水泛滥，翻船溺水者不计其数。臣实在是于心不忍，故冒死前来恳请皇上开恩，允许在河上修座桥，以拯救百姓。”皇帝被钱尚书的“爱民”之心所感动，同意了钱尚书的请求。随后，皇帝又问钱尚书道：“爱卿，造桥一事，寡人派谁去掌管才好?”钱尚书又谄媚地说：“陛下请放心，微臣愿受命效劳。”于是，钱尚书便派一批石匠前来造桥。石匠们修建了很长时间，总是不能完工，每次修到快要完工时桥就倒塌了。三年后，钱尚书又回到家乡，一看桥还没修好，勃然大怒，说：

“大胆贱民！为何桥到现在还未修好？”石匠们本来就苦不堪言，如今又遭一顿痛骂，心里实在气愤，于是齐声喊道：“钱大人！”钱尚书应声答道：“有何话讲？”石匠们笑道：“今天一定能修起这座桥。”钱尚书心里一乐，还没笑出声来就一头栽到桥下去了。桥很快就完工了。原来，钱尚书的阴魂已被捉去撑了桥。

记仇与报仇

口述：施养吾　纪杏春　搜集整理：缪文渭

太平军英王陈玉成的军营驻扎在枞阳时，有一天，忽然军卒来报，说英王的卫士，一个叫记仇的，杀了毛庙财主一家四口，又烧了他家四间房，又挖了坟墓毁棺鞭尸，人家写状子告来了。英王接过状子一看，怒火升起，喝道："将犯人带上来！"营门往外传呼，喊道："传英王命令！将杀人犯记仇带上来！"

一声令下，四兄弟拉着记仇从营门外进来，走到帐前，记仇往地下一跪，腰弯如弓，头脑碰地，伏在地下一声不吭。

英王问他："记仇！你为什么杀人放火，毁棺鞭尸？"

记仇说道："我杀的是仇人，为我爹我爷我奶奶报仇。"

英王怒道："太平军不允许个人报私仇，没有经过允许就杀人放火，是违反军纪，损坏了太平军的名誉，立即拖出去斩首示众！"

英王下令，四兄弟将记仇拖往营门外，忽然营门外传来了一声："刀下留人！"

那人喊道，跑到帐前，双膝跪倒，哀求说："请求英王开恩，他杀的是坏人，毛财主是我叫他杀的，房子是我叫他烧的，棺墓是我叫他挖的，要杀就杀我，与他无关。"

英王抬头一看，原来是一位白发苍苍，牙齿脱落的老人，英王急忙走下座位，双手把他扶起，问老人："老大爷，你知道记仇杀人了吗？"老人回答道："知道，毛财主是我叫他杀的……"

英王急问："你为什么叫他杀人放火？谈谈仇恨原因和发生的经过。"

老人讲起了二十年前的事来——

五龙岗下毛庙村，有一家财主叫毛道生。有一天来了一个江湖骗子，说他懂阴阳地理，八卦五行。毛财主为了后代子孙做官，请他选阴地。江湖骗子为了骗钱，胡说八道，说什么有五条龙，头在五龙岗，尾在龙王尖，身在张家湾，在一块大湾田里有"一匡三穴"宝地，棺葬在三穴之内，后代出真龙天子，儿孙做皇帝，做不上也能代代出状元。

江湖骗子把钱骗到手去了，毛财主信以为真，一了解，这块大湾田是纪家的。姓纪的是张家湾外姓，他家不穷，有饭吃，又不缺钱用。毛财主托人说合，叫纪家把大湾田卖给他。

姓纪的名叫纪国祥，人称"纪大扭子"，祖居寿州。上代在枞阳做生意，买了几亩地。这一天毛财主叫人来买"大湾田"，纪大扭子觉得奇怪，心想，我一不少吃，二不少穿，叫我卖田干什么？还指定要买大湾田，其中必有缘故。他便对中人说："大湾田我卖给他，请中人讲个明白，毛财主买我大湾田有啥用场？不说清楚我不卖。"

中人只好如实地告诉他。纪国祥说："好吧，等几天回话。"

中人走了，纪大扭子想：毛财主要买我这块地葬坟，那么肯定是一块宝地，葬上棺材后代出贵人。既然是宝地，我为什么要卖给他呢？这时毛财主家长工候三跑来对姓纪的说："你家大湾田是一块真龙地，棺材葬上去后代出皇帝，葬不上去也能代代出状元。所以毛财主才费尽心机买你那块宝地。"

纪大扭子听了侯三这番话，更不想卖地了，如果自己死了，把棺材葬上去，说不定后代真出贵人呢。

没几天，毛财主又托人来说，叫纪大扭子卖田，纪大扭子一口回绝，给万两黄金也不卖。后来毛财主多次托人来说合，毫无效果，交易未成。

财主毛道生是秀才，懂得文理之道，知道天机不可泄漏。再说纪大扭子话难说，扭起来谁也掰不过来，卖大湾田的事从此搁下不谈。过了三个年头，人们把大湾田的事遗忘了。

这一年夏天，纪大扭子娶媳妇，毛财主在财力、物力上支持他，并写喜联庆贺。两家关系逐渐和睦。大年三十这一天，新过门的媳妇，回娘家讨压岁钱。下午，刮起很大的东北风，狂风带来了飘飘扬扬的大雪片。眨眼工夫，地下积雪半寸多厚，家里知道媳妇在娘家回不来了，一家四口吃过年夜饭，收拾睡觉了。

大年初一，一大清早有人送信到新媳妇家，说昨夜婆家失火，一家四口全烧死了。新媳妇听了这个不幸的消息，一头栽倒地下大哭。父母劝姑娘不要哭了，“我们跟你一道回家办后事。”

新媳妇赶到家，天已中午，看房子烧成焦土，伤心地大哭，哭得死去活来，邻居们看到这凄惨景象，无不伤心流泪。大家都怀疑，外边下着大雪，火怎么烧起来了呢？经仔细观察，火苗是从窗外进去的，然后火苗又从屋里往外烧，家具烧毁了，人烧死了，可是房墙却未倒塌，其中必有缘故。回想三年前，毛财主要买他家大湾田葬坟一事，大家心中有了数。可是谁也不愿意提这件事，惹这个麻烦。

纪大扭子家失火，财主毛道生跑来故作叹息，在众人面前，假惺惺地流了几滴眼泪，嘴里说道：“可怜，可怜……”还责备死者说：“年到月尽，火烛小心，你怎么不细心呢？唉，损失太大、太大。”他抬头看到新媳妇还活着，心里十分胆寒，斩草没有除根，怕有后患……转念一想，新媳妇结婚不久，又是女流之辈，还是外姓，丈夫死了，年轻轻熬不住守寡，迟早要嫁人的，谅她阴沟里也翻不了船。这么一想，就把新媳妇这一患根没有放在心上了。毛财主慷慨大方，拿出现银，叫伙计候三上街买了棺材，收尸入殓。又拿出可观的银子，给纪家办丧事。

丧事办完后，算算账，纪家欠毛财主几百两银子，亲友做主，把几亩地买给毛财主，这一块大湾田，当然归毛财主所有了，他的目的完全达到了。

卖田的银子，除还债务，还剩下一百多两，亲友断这个钱，给新媳妇做生活费。

有一天夜里，候三偷偷跑来告诉新媳妇说："你公婆和丈夫、小姑是毛财主从窗外甩草进房，点火烧死的，毛财主还认为你也被烧死了。现看你没有死，他心里很害怕。为了铲草除根，总有一天也要把你搞死的。办完丧事后，你快回娘家。姑娘你已怀身孕，若生下男孩，长大以后，要教他报仇雪恨!"新媳妇把候三伯这番话，听在耳里记在心中。丧事办完后她就回娘家去了，没到三个月，她生下了一个白白胖胖的男孩。新媳妇心中欢喜，纪家有了报仇的人。她给孩子改了姓，姓"记"，名叫"记仇"。就是说，叫孩子长大记着报仇的意思。她对天盟誓：终身不改嫁，守寡抚养儿子，孩子养大成人后，为纪家报仇。

在娘家又过了三年，父母不幸双亡，家寒贫困，哥嫂难以养活记仇母子俩。为了让孩子健康成长，母亲抱着记仇逃到江南贵池乌沙夹、殷家汇一带讨饭过活。忙时帮工，闲时讨饭，就这样巴巴节节又过了十四个春秋。记仇十八岁了，懂得人事了，妈妈把他爹、他爷、奶奶、姑姑，一家四口，为什么被毛财主放火烧死的经过告诉了他，叫孩子记着报仇，并嘱咐孩子："这件事，财主老长工候三伯知道底细，你长大报仇时，去问问他老人家。”

记仇听完母亲一番话，仇恨在心中燃烧，恨不得马上插翅飞到江北，杀死毛财主，为家人报仇。这一年太平军从徽州过来，营盘扎在殷家汇秋浦河东。记仇听说太平军是穷人的队伍，一切为了穷人，他向娘提出，参加太平军，为家人报仇，娘满口答应。

记仇参加太平军后，学习杀敌本领，练习武功，不到半年，学了一身好武艺，上阵杀清妖，百战百胜。一年后，当上了太平军小头目，后又调到英王身边当卫士。

不久，太平军过江北，大营扎在枞阳，枞阳离记仇家不远。有一天晚上，记仇偷偷跑到五龙岗、张家湾、毛庙子一带，访问候三伯。一访访到候三伯，候三伯问他是什么人，有何事？记仇把来历和经过告诉了他。

记仇说：“候三伯，我要报仇。”

“孩子，”候三伯说，“自古道，欠债还钱，杀人偿命。毛财主烧死你一家四口，烧掉了你家四间房子，强占了你家大湾田。财主去年死了，棺材就葬在你家大湾田里。仇，你一定得报！古人言：有仇不报非君子，有恩不报枉为人。”

记仇说：“太平军纪律严明，杀了人，营规不饶人，英王知道要办人的罪。”

“孩子，你杀的是坏人，杀的是你的仇人。杀人，为你一家四口报仇，不是无故杀人，你有什么罪呢？”

“那么……谁能证明我杀人是为了报仇呢？”

“你候三伯帮你证明，我看英王是一个好人，你为了报仇杀财主，他不会办你的罪。”

“候三伯，有你老人家壮我的胆，我就敢杀仇人报仇了。”

记仇回到军营，把杀财主替父报仇的事，说给弟兄们听。弟兄们听了很气愤，都说："坏人不杀，等到何时，我们大家帮你报仇。"

这样一来，记仇的胆子更大了，约定一天夜里，几个弟兄穿着短衣，身佩腰刀，到了毛庙，跳过围墙，把毛财主家门轰开。他家十一口人，杀掉四口，临走时烧掉四间东厢房。后来他们又带着铁锹，把财主坟墓挖掉，将棺材撬开，扒出财主尸骨，用铁锤砸个粉碎。这一下，记仇心安理得，说："我的仇报了。"

老人说完，哇哇大哭起来。英王问候三伯："你老人家为什么主张他杀人报仇呢？"

候三伯说："我没有叫他无故杀人、杀好人、杀不相干的人。我是教他杀坏人。太平军有这样的规定，伸张正义，鸣冤昭雪，恩仇相报，明镜如天。"

英王听了没有说话，叫左右给记仇松绑，免去死罪，但重打四十军棍。英王说他杀人报仇，没有经英王同意，违了军令，判处七个月的禁闭。太平军的纪律是严明的。

钱 田 间

口述者：钱逸文 搜集：程 清

清初，有个书生叫胡文彩，自以为才高，颇好舞文弄墨，吟诗答对。听说钱田间先生才思敏捷，称誉乡里，就想与他比比高低。

一天，胡文彩打听到钱先生住的地方，就动身了。他走了三十多里路，来到一个渡口，看见一个孩子拿着竹棍赶鹅下水，顿时诗兴大发，便信口吟成两句："岸上两只鹅，一棍赶下河。"他边吟边走到船上，自觉十分满意。但又一想，两句怎么能叫诗呢？至少也得有四句才行呀！他搜索枯肠，沉吟半晌，却再也吟不出半个字来，坐在他身旁的一位神采奕奕的老者看到了，微笑地吟道："白毛浮绿水，红掌踏清波。"胡文彩听了点点头说："不错！"

船靠岸了，胡文彩和老者一同登岸。看见路边有一棵高大的梧桐树，胡文彩大声吟道："一棵梧桐树，两个大枝丫。"他反复吟哦了几遍，后面的句子怎么也接不上来。老者听了，随口又续上两句："后结红铃籽，先开白玉花。"胡文彩寻思：这位老者不寻常，真有学问。于是向其作了一揖："请问尊姓大名？"老者答道："敝姓钱，名田间。"胡文彩一惊，"哦"了一声，不觉面红耳赤，连忙说道："佩服！佩服！"

巧嘴媳妇

口述人：殷桂兰　搜集整理：王建生

从前有个巧媳妇最会讲话，她讲的话有理有节，往往出乎人们的意料。有一天，公公看稻田，有一条大牯牛吃了稻棵，他拿棍子打了牯牛。放牛的找她公公说："不好着，不好着，你把我家的牛打动胎了。我要找你算账！"

公公吓得躲在家里，几天都不敢出门。媳妇晓得这事，就叫公公在家里困觉，莫着急，她自有办法。

过了几天，放牛的找上门来，要公公赔钱。

媳妇讲："我公公在家坐月子，不能起床。"

放牛的讲："你胡说，哪有男的坐月子。"

媳妇讲："你才胡说哩，哪有牯牛动胎的？"

放牛的自知理亏只好走了。

公公困在床上，听见媳妇这么会讲，一高兴，两脚只蹬，哪晓得把墙给蹬倒了，打死了隔壁人家的一只猫。

隔壁人拿着死猫来找她，讲："不好着，不好着，你家的墙倒了打死了我家的猫，我要你赔。"

媳妇问："你这猫值多少钱？"

隔壁人心贪，讲："我这猫东逼鼠西逼鼠，人家出我银子五两五，我讲我不如留在家里捉老鼠。"

媳妇跟隔壁人讲："你别急，过几天我赔你。"

媳妇等隔壁人一走，就问公公："隔壁可借过我家什么东西？"

公公想了想说："好像前年借过一个破葫芦瓢。"

媳妇笑笑讲："你老别怕了，保管赔不了钱。"

隔壁人又来找她的时候，她问："前年你借过我家一个葫芦瓢可还在哇？"

隔壁人讲："破了，早就甩掉了。"

媳妇大叫："不好着，不好着，我家那葫芦瓢东舀饭，西舀粥，人家出我六两六，讲起来你还要找我一两一。"

隔壁人一听，赶紧躲回家，再也不敢来了。

三 贞 庵

口述：姚永健 搜集整理：王建生

在今天的岱嶅山脚下，有一尼姑庵，叫三贞庵，是宰相张英的妹妹出家的地方。

那年清明节，“洪杨之乱”过后，张英带着家人到岱鳌山祭祖，他的妹妹也跟着到了岱鳌山。只见岱嶅山树木葱茏，百花争妍，清泉汩汩，又加上气候温和，四季如春，风景迷人。她联想到自己不幸的身世，丈夫死了，天下又动乱不安，还能指望什么呢？伤心落泪之际，看破红尘，起了在这里出家为尼的念头。

她把自己的想法跟张英讲了，张英晓得妹妹已心灰意冷，便在这里修了一座尼庵，让她的两个丫头也一起出家。

这个尼姑庵因为此三人在里面出家圆寂，开始叫三圣庵，后来改叫三贞庵。至今，三贞庵香火旺盛，每年到了清明，还有不少游人慕名前来拜谒。

太 平 王

口述：钱立香

枞阳有三多：山多，水多，树多。清朝末年，枞阳土匪也多。土匪出没在山上、水上、树丛里，大白天土匪都敢出来抢劫客商，但枞阳土匪不害人、不扰民，其中就有这样一段故事。

太平军到了枞阳，遭遇两大威胁：一是清军，二是土匪。太平军的军需物资常被土匪抢劫。天王非常恼火，下决心要消灭枞阳的土匪。

这一天，天王洪秀全，召集手下议事，计议的结果是："探明匪情，寻找匪窝，包围剿灭。"

计议决定后，在全营挑选能人。选到两个武艺高强的人，一个叫"爬山虎"，一个叫"出水蛟"，他们兄弟俩曾在南少林寺学过武功。天王命令他们寻匪。

这两位英雄，身配短刀，乔装打扮，四乡寻匪。寻了几天，影子都没见到。回禀天王，天王叫他们"如此，如此，这般这般……"

一天，两位商人后面跟着两个挑夫，挑着四只木箱，走到会宫，投店吃饭。店老板见这两个家伙挑着两担沉重重的木箱，心想必有宝贝。

两商人吃完饭，出街没走多远，树林中突然冲出十几个大汉，把两商人带走，用黑布把他们的眼睛蒙上。走到一个山头上，有人把他们脸上的黑布揭开，商人看到有十几名匪徒，提着刀把他们围着。这些匪想杀了他们，独吞财宝。两商人哪能让他们杀呢？便一腿扫过来，倒下了三四个，没有几个回合，十几匪死了八个，其余匪跪下求饶，两商人问他们："你们哪个是头目？"两匪说："咱们头头称王，分小王、大王、老王。"他指着一具尸体说："他是小王，大王不在这里。"两商人又问："大王住哪里？"两匪说："咱不知道，师兄知道。"两商人说："带我们去找你师兄。"

二匪带两商人找到师兄，见到师兄扯谎说，这两个人带着金银财宝是来拜大王入伙的。师兄高兴，就领他们去见大王。大王叫把财宝留下来，先编进小王队伍。两商人不同意，要求见老王。大王说："老王不是随便能见到的，你没资格见老王。"一个要见，一个不让见，交手打起来了。大王武功高强，双方从巳时打到午时，从未时打到申时，打了上百个回合，不分上下。

他们正在交战，山顶上站着个僧不僧、道不道，形象奇特的人，他看两边交战的拳法：一个上打乌云盖顶，一个下扫古树盘根；一个打魁星踢斗，一个打蛟龙翻身；一个打鲤鱼穿浪，一个打老牛撞埂。这两边的拳法是一个师父传授的。他走下山去，喝道："住手！"两边都停下不打了。

那人问商人："你们的拳法从哪里学来的？"

两商人答道："南少林。"

那人看两商人脸盘熟，即问："你们是不是爬山虎、出水蛟两英雄？"

两英雄答道："正是，你怎么认识……"

那人迎上来说："师弟，请家里谈。"

他们四人叙述经过，原来他们在南少林学练武艺拜的是一个师父，说起来还是自家人呢，那人答道："我就是老王!"问两英雄来山寨何事?两英雄把上山来的原因及经过说了一遍，叫两王下山见天王。

天王叫他们改邪归正，加入太平军。两王不愿参与国事，想自由自在，不受拘束。天王说道："入太平军不勉强，出于自愿，不过当匪不能害民，更不可抢劫太平军财物。"

两王同意，跪下讨封，天王封他们为"太平王"。

两王做了许多面黄旗，上写"太平王"将旗交给天王说："你们运粮官拿这面黄旗，我的徒儿见黄旗就不会抢劫财物了。"从此后，枞阳土匪不害民，太平军运的财物也不遭抢劫了。

小 姑 寨

口述：方国祥

官桥有一家姓张的富户，育有两个女儿。大女儿叫“大姑”，已出嫁；小女儿叫“小姑”，芳龄十九，尚未婚配。小姑喜练武功，精通剑法，有百步穿杨的本领。她还喜欢养狗，有三条黄狗总围绕在她身边。

太平军到了枞阳，有一支队伍住在官桥，有一个小头目住在她家。这个小头目，仪表不凡，武艺高强。小姑向他学习武艺，父母不同意，但没有办法阻止。俗话说：“儿大不由爹，女大不由娘。”父母只好由着她，跟那小头目练武，学练半年，学得了一身本领，同时他们之间也产生了深厚的感情，难舍难分，二人结了婚。不久，清军打来了。太平军往北转移，小姑夫妇领一支队伍压后阵，被清军包围，激战三天，占领一个山头，安营扎寨与清军抵抗，伺机突围。

山寨三面悬崖，只有一条路通山上，清军攻打山寨，只能从这条路进攻。小姑隐在大石后面射箭，上来一个死一个，清军无法攻下山寨。只得围住山寨，心想围困一个月，山上没有了粮食，就得乖乖投降。山寨被困了十多天，兄弟们没有饭吃，一天只能吃一餐稀饭，靠吃野菜、树根、树叶度日。

山寨被困二十多天的时候，清军估计山上没有粮食了，便开始攻心。在山下喊道：“你们没有粮食吃了，快要饿死了，快下山投降吧……”小姑答道：“我们的粮食半年也吃不完，早就把粮食运到山上了。”清军在山下喊道：“你吹牛……”小姑答道：“吹什么牛，你若不信，来山上看呀。”

小姑回到营房，对管粮员说：“兄弟带来的大米可有了？”

“有，不多了，留给病人烧汤，到了没办法的时候……”

“拿十斤大米来。”

“干什么？”

“不要问，快拿来！”小姑说。

管粮员拿来大米，小姑叫煮饭。煮好后，给她最心爱的三条黄狗吃，十斤米饭被三条黄狗吃得光光的。兄弟们议论说：“小姑是怎么想的，人都要饿死了，还把雪白的大米饭喂狗呢。”小姑不管别人的议论，将三条黄狗拖到营门外打死，扔到山下去了。

清军见山上滚下三条死狗，认为是饿死的，一看，狗肚子圆滚滚的，用刀破开，狗肚子里全是白米饭。一清兵把此事报告给头头，清军头目一看，认为山寨里有存粮，一时攻打不下，不如趁早撤兵，于是下令撤兵，山寨解了围。

小姑得知清军撤走的消息后，立即把队伍拉下山，连夜往北撤，走了几天几夜，在巢湖南岸的三河镇，终于与英王陈玉成的大军会合。

从此这个山寨出了名，就叫“小姑寨”。

长工、财主、七品官

口述：齐福义　搜集整理：乔官山　齐永志

施老财主雇有四个长工。

这年久旱不雨，田地龟裂，禾苗枯黄，放把火都能烧得着。

这一天，施老财主要长工到塘里车水浇田。

他们刚把水车架好，就见天空雾气沉沉，东南方向涌起乌云。俗话说六月的天，孩子的脸，说变就变。云块聚得，或有雨来，四个长工好高兴。

老大抬头看看天，说："天上雾沉沉。"

老天二望望天，接着说："四方都罩云。"

老三瞧瞧天，也跟着讲："老天要下雨。"

老四扛起水车，笑着讲："扛车回家门。"

等他们把车扛回家，天空却云消雾散不见一点雨星。老财主气得要命，破口大骂，拿棍就打。四个长工实在气不过也还了他几个拳脚。

财主被长工打了，这还了得！施老财主提着老母鸡，气呼呼地来县衙告状。

县衙大老爷听说有人送鸡告状，连忙更衣升堂，来到案前坐下，问施老财主有何冤枉？施老财主就将被打一事诉说了一遍。县官还没听完，猛地一拍惊木，大声喝道："这还了得，长工打财主，天理不容。来人呀，快把那四个刁民给我抓来，每人重打四十大板！"差人听命很快将四个长工押来了。

四个长工倒也大胆，走到堂前，并不下跪，还若无其事地朝大堂四周看来看去。

县太爷又一声吼道："大胆刁民，为何不跪？"

四人同声回答："老爷，我们有话说。"

县太爷拍起惊木："讲！"

老大不慌不忙地说："县衙堂前一只鼓。"

老二嬉笑地接着说："左边龙来右边虎。"

老三看了看县官说："老爷今年做知县。"

老四紧跟着奉承说："明年可能做知府。"

县太爷一听，不由大喜，于是一挥手，边说："念你等年轻初犯，都回去吧。"

老大听后，没有动身，只是摇摇头，深深叹了一口气。

县太爷疑疑惑惑地问道："你为何叹气？"

老大说："大老爷有所不知，看你一脸福相，来年一定步步高升，就是……就是……"

县太爷惊问："就是什么？"

老大说："小人不敢讲。"

县太爷急慌慌地说："老爷为你做主，讲！"

老大说："今天有人送来一只瘟鸡，坏了老爷的彩头，只怕知县也做不成了。"

县太爷听后，吓出一头冷汗，连忙俯身问道："有没有改法？"

老大说："老二善除妖魔，他能让你逢凶化吉。"

老二马上接着讲：“瘟鸡该由我宰杀，送鸡的该你责打，板板见血驱瘟神，保你飞黄又腾达。”

县太爷举起惊堂木，狠狠地往下一拍，吼道：“把施老头拿下，重重责打，板板见血！”

施老财主遭一顿毒打，一路呜呜咽咽跌跌爬爬地回到家。

四个长工提着县老爷交出的那只老母鸡，一路有说有笑，开心极了。

老大说：“施老财主一路跌跌爬爬。”

老二说：“狗咬狗一伙乌龟王八。”

老三说：“县太爷一贯吃屁度日。”

老四说：“想升官一枕黄粱。”

“哈哈哈哈……”四人同声大乐，乐得今晚一罐好鸡汤。

智退洋军舰

口述：吴石体

咸丰四年（1854年），太平军攻克安庆，清王朝慌了手脚，连忙调兵遣将，兵分四路向安庆反扑。太平军迎头痛击，打死清军副都统，毙敌一千余人，威名大振。

此后，太平军在安庆招兵买马，筹集粮饷，日夜操练，准备配合西路大军进攻武汉。正在这时，长江下游开来两艘法国军舰，南北岸都不靠，却在大江中间抛了锚，不断向太平军军营打炮。太平军将领知道是清朝廷勾结洋人镇压农民起义，一个个恨得咬牙切齿。一天，英王陈玉成来到安庆，守将叶芸来、吴定彩向他汇报了这个情况。英王当即召集诸将领，商计对付洋鬼子兵舰大计。众将领有的主张火攻，有的主张夜袭，有的主张硬拼，议论纷纷。这时有个叫钱江的军师，上前对英王说："启英王，诸位将领出的主张，恐怕都难取胜。火攻，无奈洋鬼子的军舰是钢铁做的，火烧不掉；偷袭和硬拼嘛，水中作战，不同陆地，何况他们有洋枪洋炮。英王把这一仗交给我吧，我有办法叫他们三天内滚蛋。"英王问："你有把握吗？"钱江说："军中无戏言，到时间禀报便是。"

钱江领了军令以后，不见动静。一天过去了，军舰还是向太平军军营打炮。众将领十分着急，纷纷前来打听退兵消息，只见钱江日里围棋观阵，夜间看书弹琴，悠闲无事，众将都替他捏一把汗，怕他误了大事，触犯军法。

第三天晚上，大约二更时辰，江心起了大雾。安庆上游，海口州一带，突然飘来了满江灯火，人声鼎沸，战鼓齐鸣。数不清的大小"战船"顺流而下，大有曹操八十万人马下江东之势。洋兵一见，大呼"太平军来了"轰隆轰隆向上游打炮。炮一响，"战船"就偃旗息鼓，向上游移动。炮停了，"战船"又是金鼓齐鸣，顺流而下，如此，打炮就退，不打就进，洋人不知打了多少炮弹。天快亮的时候，雾更大了，江南八都湖的杨树林又拥出了无数条"战船"，像火龙一样，与上游的"战船"汇合，直奔法国军舰，大有猛虎扑羊之势。洋兵经过几个小时的炮击，炮弹快打完了，一看上游两支太平军来了，便忙掉头溜之大吉。

这是怎么一回事呢？原来，钱江在英王面前夸下海口后，回到军营，一面叫人准备几百担菜油，一面叫人买回尿壶和门板，全部收集起来，运到海口州的八都湖；又从石门湖、八都湖调来五百余艘渔船，五百块门板连在一起。每块门板上放个尿壶，壶里装上菜油，插上纸捻。每艘渔船挂上灯笼，一人划桨，一人敲锣。等到夜里，江中起雾，一个信号，上游三百艘小船，一千五百块门板全部明火，击起鼓来，忽上忽下，弄得洋人摸不着头脑，拼命打炮，消耗他们的炮弹。等到鸡叫五更，估计洋人炮弹打得差不多了，太平军又一个信号，八都湖和海口州同时"进军"，两边夹攻，就这样一枪不发，一人未动，把两艘洋军舰吓跑了。

忠 王 袍

口述：钱立香

忠王李秀成，住在枞阳祠里，祠堂边有一姓张的，名叫张忠实，老两口，一房儿媳，一家人过得和气美满。忠王经常找张忠实老人买东西。市场上没有的东西老张都能买到。忠王喜吃嫩生姜，老人到铜陵买回来，用糖卤好送给忠王。忠王爱吃枞阳的萝卜，老人跑到七里头买回去给忠王。只要忠王要买的，老人总有办法给他买到。时间长了，感情深了，忠王有时候跑来看看他老人家。

有一年春天，忠王要到别处打清兵，把一件绿袍放在老人家保存。忠王对老人说："天转暖了，这一件旧袍不带了。我有一件新的，是天王赐的。这件旧袍先丢在你家保存，秋后来取。"老人点头说："忠王放心，我一定保存好!"

忠王离开枞阳到外地打清妖去了。等到秋天没有人来取绿袍，连一封信也没有。四年过去了，忠王没有来，也没有派人来取。后来，听说天京沦陷，忠王被清军俘虏杀害了，老人听了好伤心，一家人抱头大哭，忠王丢在这里的绿袍不会有人来取了。

太平军失败后，清兵来到枞阳挨家挨户搜查，查到太平军的东西，格杀勿论，张忠实老人慌了。无论如何，绿袍不能落到清军手里。他想呀，想呀——想到祠堂后面有几棵大枫树，三丈围圆十多丈高树上歇了一百多种鸟，有名的“百鸟枫”。枫树上有几十个鸟窝，窝靠窝，将禄袍送上鸟窝放着，最安全没有了。

这一天夜里，老人带着绿袍和斗笠，爬上大树顶，捡了一个大鸟窝，把鸟窝掀开，把包好的绿袍放在鸟窝里，上面盖上斗笠，斗笠上面又盖上一层鸟做窝的细树枝，刮风不掉，下雨不漏。有树叶遮着，站在树底下看不出痕迹。

日子过得好快啊，两年又过去了。有人传说，太平军将领的袍，能辟邪气。太平军将领佩的剑，能斩妖杀鬼。张忠实老人对他儿子说：“忠王的绿袍可能辟邪?”儿子说：“爹！能辟邪，但现在不能拿出来，拿出来会惹嫌疑的。”老人说：“有办法。”便对儿子说：“如此，如此……”儿子听了他爹计策，扑噜一声笑起来。

第二天，张忠实父子俩吵嘴骂架，几乎交手打起来，邻居觉得很奇怪，张忠实一家从不吵嘴打架，今天怎么啦？邻居跑来劝解，却无效果，吵得更甚。父子吵了两天，这一天夜里，儿子出走了。张忠实老人并不伤心，同平常一样过日子。邻居关心地问道：“张大爷，你儿子到什么地方去了?”老人摇摇头说：“不知道，让他外死外葬吧！”邻居不再多问了。

又是两年后，儿子从外地回来，一身道士打扮，头发攒到头顶心，戴着道冠，身穿八卦袍，肩后插支宝剑，打扮得像八仙中的吕洞宾。儿子回来后，一家同原来一样，和气过日子。邻居猜不透他们家葫芦里卖的什么药。这时绿袍可以拿出来了。有人问道：“绿袍哪儿来的?”儿子答道：“是我的道袍。”

有一人生病，他把绿袍给病人穿，病人穿了忠王的绿袍，病果然好了。后来谁家有人生了病，借来绿袍穿上病都很快就好了。

这一年春天，瘟疫流行，全县死了许多人，有些户死绝了，而张忠实家的绿袍不知救活了多少人。人叫“忠王袍”为“辟瘟袍”。

有家财主，三人生病，跑来借“辟瘟袍”。张忠实不借，他说：“绿袍不治富人病。”财主强迫硬借，邻居说；“张大爷，就给他吧。”你说他说，把张大爷的心说软了，把绿袍借给了财主。

财主把绿袍拿回家，先给老财主穿。老财主穿上绿袍，大喊救命，天火烧身，喊：“快给我脱掉……”家人帮他脱袍，袍没脱下来，人已断气了。老财主病没治好，把一条命送掉了。

财主大儿子在病中说：“爹年龄大了，该死了。把袍拿给我穿，也许能治好我的病。”大儿子穿上绿袍，大喊火烧心，赶快脱袍，袍脱了一半，人便死去了。绿袍没有治好病，反而烧死父子俩。

财主家人告官，县官不信：“哪有穿袍烧死人的道理?”叫人把袍拿给他看，他说：“这是官服，不是道袍，道袍是八卦袍。袍是绸缎的，怎么能烧死人呢？不妨来人试试看。”县官从红木椅上站起来，将袍抖动开，往身后一披，刚穿上两个胳膊，便大喊：“给人脱袍，热死我了……”差人帮他脱袍，袍刚脱下，县官老爷就断了气。

县官被烧死，下属报告上级府台，府台大人亲自来衙查阅。问：“妖袍是谁家的？给我拿来治罪。”差人回来说：“禀告大人，姓刘的一家逃走了。据邻居说，上山学道去了。”

府台问地方官：“妖袍从何而来?”地方官禀告大人说：“此袍是张忠实儿子上山学道带回来的，确实给地方百姓治好了不少病。”府台怒道：“不要这件妖袍留着害人，给我烧掉!”

府台下令，在衙门外，架起一堆柴火，“忠王袍”被烧成了灰烬。

第三部分 非遗项目

东乡武术

枞阳县域是古桐城的东乡和南乡，旧时有“文不过南乡，武不过东乡”之说。东乡包括我县的周潭、横埠、项铺、汤沟、老洲、白湖、金社、白梅、陈瑶湖等乡镇。东乡民风剽悍，东乡人遇事喜欢较真，性格刚烈。过去一般人遇到操东乡口音的人都不敢造次。因为此地人人都会一招半式，没准一不小心遇上个教师爷（东乡人对拳师的尊称），弄个鼻青脸肿也不划算。

章、周、陆、邓、谢、王、汪、吴这几个姓氏的家族，男女老少嗜武成性，家家备有刀枪棍棒，奇拳怪招，高手如云。每年农闲时或者春节期间，几大家族都要以武会友，摆擂比试，因此每年都要产生几名教师爷。

后来武林中不少人听说东乡习武成风，高手林立，纷纷慕名而来，同时也将南北各门派的武学精髓带到了东乡，不少人因而还定居于此。

到了清代，东乡武术内家拳、外家拳、南北拳种包容兼收，在日常生活和农业生产中，又创出了许多新拳种，举手投足都能显现高深的功力，譬如：三掌、三踏、三炮、双盖、摸刀鱼、甩菜瓜、棱角梳、板凳花、扁担花、手巾花、畚子走路、走趟对打等。这些拳法招式偏重实战，看似朴实无华，但精妙绝伦，往往能一招制敌，出手便是绝杀，形成了自己的特色。

因此，东乡流传着“畈畈有好田，村村有好拳”的谚语，由此可窥一斑。

周潭镇是东乡武术的发源地及传播中心，周潭彭桥村章氏家族尚武之风最甚，据《章氏族谱》载，章氏家族祖居福建蒲城，祖传武艺属福建少林门派。其祖仔钧公系唐朝武将。唐末，仔钧公后代有一支人迁至安徽泾县马原定居，在宋朝亦出了大小武官。到元朝，马原章家天武、天禄兄弟迁至周潭发洪山（今大山）定居。大兴习武之风，后人中，不乏武艺高强之人，如章綦斌就是清朝嘉庆甲子科第二名武举。约在明朝前期，章、周两姓联姻，鹞石周氏第三世祖妣就是大山章家姑娘。此后，章、周两姓世代联姻，习武之风随之传到周姓。为维护封建宗族利益，各族族长注重发展武术。但他们所持的“家拳不外传”“传媳不传姑”以及所谓“把门拳”“看家拳”等陋规，影响了东乡武术的普及和发展。

东乡武术熔“南拳北腿”于一炉，既有南拳“拳打卧牛之地”的步伐稳健、刚劲有力的特点，又有北拳的跌打滚翻、以腿见长的风格。注重手、眼、身、法、步的协调，善于破解对方阵式和路数，拆招散打，攻防合一，讲究技术实用。东乡武术的架势以低盘为主，走趟田字形、一字形为多。步形中以马步、弓步和震脚为多，转辗幅度较小。肢体动作以拳、掌、肘上肢动作为主，行拳迅速，灵活多变，勇猛凶悍。真所谓“拳打卧牛之地，棍探龙潭虎穴”。

2010 年 3 月东乡武术被列入市级非物质文化遗产保护名录。同年 7 月东乡武术被列入安徽省第三批省级非物质文化遗产保护名录。2013 年 11 月被评为中国体育非物质文化遗产保护与推广项目。

三十六名教大闹九华山

搜集整理：杨俊 张国雄

明末清初，东乡武术在武林中声名远扬、雄风大振，缘于三十六名教大闹九华山，这故事得从头慢慢说来。

清廷有一侍卫官贾某，精通武艺，但贪财好色，绰号“穿花鞋”。与宫女的风流韵事败露后，潜逃出宫，浪迹江湖。因无处存身，又听说九华山香火旺盛，便投山为僧，躲避风险。入佛山后，贾和尚处处小心谨慎，因武艺高强，一些小和尚拜他为师，几年以后，他渐渐羽翼丰满起来。

贾和尚终究是假和尚，他外披袈裟，内藏恶性，日子一长慢慢地又老病复发，做出奸邪事来。当家僧察觉后，严加教育不见悔改，按庙规应逐出佛门，哪知他早怀鬼胎，党羽众多，逐之不得。贾和尚背地里伙同一帮人同当家僧作对。当家僧无可奈何，只得将庙中事务，交给大徒弟悟伦，自己外出云游去了。悟伦为人忠厚，心地善良，如何能制服这班人，所以名为掌管，实际掌门大权落在贾和尚手里。当家僧在庙，贾和尚多少畏他三分，当家僧一走，无人管束，更是变本加厉、为所欲为了。他在庙里建了一个暗室，凡来烧香的民妇，稍有姿色，就被贾和尚诱入暗室。白天贾和尚带僧人下山化缘，夜里归来就在暗室中寻欢作乐。周围村民敢怒而不敢言，知道内情也奈何他不得，告到县衙也无人理睬。

九华山下有一村民吴某，早有为民除害之心。一日偶然听说东乡武术教师本领高强，好打抱不平，心想若邀其除害，或可有望。主意一定，便暗中着人去求。东乡武术教师悉知详情，均愤愤不平。于是众教师议定，智取九华山，为民除害。

两日后，打探的人回来了，将地形、僧舍、禅房出入门户等内情，一一禀报。武术教师们决定，各乡族共选出三十六名武艺高强的教师，扮成香客，逢会进山。

农历七月三十日，正是地藏王菩萨的生日，四方信徒、香客云集九华山，朝山进香。三十六名教师暗藏其中，他们暗藏各式武器，向九华山潜来。

来到九华山，只见寺庙雄伟，建筑辉煌，高墙坚壁，房舍深幽，两扇山门重约千斤，内藏吊闸机关。

香客暂停山门处，称奇道怪，胡乱评说，争吵不休，有些香客甚至还打起来，外面的两个和尚不知是圈套，也从中凑兴。眼看时机已到，香客中挤出一人，绰号“孙铁头”，高声叫道：“让我来试试。”话音未落便抢上前来，背靠门壁，蹲开马步，反臂抓住门扇尽力一提，下轴脱臼，再稍蹲下，上轴脱榫，再腰身一躬，一扇铁皮包裹、钉满铁钉的数百斤重的巨门，被他轻松扛起，扔到山坳里去了。和尚见势不妙，纵身上楼，按动机关，千斤闸呼呼下落，说时迟那时快，武教师邓贤一个箭步冲上前去，挺身扛起闸板，众香客一拥而入，大门旁的几个和尚还未反应过来，就被打倒在地。三十多名武教师分头行事，把门的把门，上屋的上屋，穿房的穿房，一时间交战声、叫喊声、搏击声四起，势如雷霆海啸。恶僧们毫无准备，糊里糊涂，躲的躲，逃的逃，死的死，伤的伤，鬼哭狼嚎，乱作一团。贾和尚寻欢作乐了一夜，此时正在禅房内闭目养神，听到外面吵闹，出来一看，大吃一惊，急忙回屋取出武器，同几个武僧拉开架式，合力对抗。几个教师不是其对手，就在万分危急之际，章文甫、沈可田、钱小牛等十几个好汉即时赶到，将几个恶僧团团围住，问道："贾和尚在哪里？"贾和尚自恃武功高强，答到："贫僧便是。你们是官？是盗？闯我佛门净地是何道理？"大家一听是贾和尚，分外眼红，沈可田"呸"了一声："你这个好色之徒，玷污了佛门净地，人人得而除之。"贾和尚一听大怒，挥刀就砍，另几个恶僧跟着冲杀过来。一时间，尘土翻滚，纵跳腾挪，你来我往，险招频出。双方恶战多时，贾和尚知道对方有备而来，且手段高强，缠斗下去，恐难脱身，心想保命要紧，遂运动功力，抖擞精神，右手持戟，左手摸出暗器，稍一腾身在空中一转，呈雪花盖顶之势，大喝一声"看宝"，随手放出四把飞刀，趁对方躲闪间，就势一纵，飞上屋顶，有两个和尚也跟着贾和尚一跃而起，腾空上屋，企图逃之夭夭。哪知道章观鳌、王小麻子、陆哈叭早已在屋顶等候多时，挡住了去路。这时，章文甫、吴怀川、蒋连生、周连信等也纵身飞上屋顶，一场恶斗就此展开，这边章文甫以九节鞭的低盘功夫，一撒手将一个和尚的腿缠住，和尚一剑刺来，章文甫一个鹞子翻身躲开利剑，顺手一收，和尚扑倒。那边陆哈叭早将另一个和尚打下屋去。章观鳌和贾和尚对打，前后辗转，腾挪翻滚，如履平地，战了三回合，贾和尚渐渐体力不支，大戟缓慢下来，章观鳌看准时机，一棍拨开，趁势反手一撩，几十斤重的大戟脱手飞去，贾和尚大吃一惊，两臂酸麻，手脚慌乱，转身欲走，其他教师挡住去路，团团围住。章观鳌双手举棍，跃身腾走，以猛虎扑羊之势向下一按，大家一拥而上，将贾和尚死死按住。贾和尚动弹不得，乖乖做了俘虏。

一场恶战以迅雷不及掩耳之势结束，干净利落，三十六名教师无一伤亡。他们打开暗室，放出民妇，将贾和尚解至县衙，其余和尚由当家僧自行发落，九华山的邪恶势力被彻底铲除。消息传开，无不拍手称快。自此，东乡武术和三十六名教声誉大振，威名远扬。

三十六名教之章玉友

整理：章宝贵

章家墩

章公玉友，祖籍周潭大山，生于清道光早年，成名于咸丰初。排行老三，有二兄，长兄章胜友，其后代分支于枞阳横埠镇原左岗乡；二兄章南友，其后代分支于陈瑶湖镇。有一妹，称“小姑”，相传嫁在陈瑶湖镇虾溪一带。唯玉友公居章家墩。我等皆属其嫡系后代，按历史和家族排行推算，我辈应是六七代后了，目前居住墩上只有一家同族同宗隔三代的堂弟兄，在我三代前，本家移至墩前三里处的东湾和西湾。我辈排行“传家为孝友，芳名百世扬”中的“孝”字辈。

章家墩，又叫章墩，或曰小章墩。位于横埠河下游九儿潭，沿大河往东数里，地处裕丰圩袁家场，地势平缓，一马平川。由于当年属于圩区水滩，与江相通，遍地芦苇荡荡，蒿草萋萋，人烟稀少。在横埠河边，芦荡丛中，独有高出地面数米的土丘，呈东西走向，椭圆形状。原为地方某大家族出资穿圩埂，围滩造田后，设高地供土地菩萨的小庙所在地，章家一分支从周潭大山选此地定居后，为了应对每年的长江上游洪水，在原来小土丘的基础上，不断挑土筑基，使其终于成为“墩”形，墩上四周植树成林，居中建房，沿墩脚挖有两三米宽的护墩河，由木质吊桥与外相连。如今遗址尚存，近观还能辨别原形。望眼平原，唯“墩”凸出，墩上树木葱茏，屋舍藏于其中，酷似当地的一种“咚鸟”做的窠，所以，章家墩，又叫“咚鸟窝”。

巧遇名师

在“三十六名教”中，章玉友只能算年轻的后起之秀。在嗜武成风、高手如云的东乡，也算不上出类拔萃。山东学艺归来，章玉友虽然武术技艺大有长进，授徒传艺，也小有建树，但他牢记前辈教诲：学无止境，学技无穷，人外有人，山外有山。

话说某日，章玉友越过墩上吊桥，在芦苇丛中自己开辟的一块地方，拉开架势，练起“手巾花”。这是东乡特有的软器械拳种，章玉友自幼习练，耍起来那是呼呼生气密不透风，正所谓“手巾湿水一条棍，眼前陡生一堵墙”，意思是说，湿了水的手巾，抓一头练起来似一条棍子的威力，快速舞动，形成一堵墙一样的保护圈。（手巾花，就像板凳花，耙等随手拈来的武术技艺，这是东乡武术的特色所在，一般选用长形白老布，老人习惯叫“大手巾”，是洗澡洗脸擦汗的生活用品，平时扎在腰间，实战时随手取下，以马步、丁字步、震脚转身等步法配合，手巾以甩、收、套、横、提、拦等技法为要领。湿水后舞动有圆无直，上下左右俱到，快若流星，动如飞轮，令人炫目，是能攻能防的特有器械拳种之一。）正在章玉友练得兴起时，忽然传来一声叫喊——“好!”章玉友被这叫喊声一惊，有点猝不及防，收起架势注目一瞅，只见一位年近五旬，肩挑零担手拿摇铃的汉子，（摇铃，是走村串巷卖些针头线脑的小生意人，以摇铃之声响，引人注意，故称摇铃或摇铃人）看其虽风尘仆仆，但眼神炯炯，不失英气，章玉友心想，既然叫好，说不定也是个练家子，于是抱拳行礼：“敢问师父何处高人，竟行小儿偷窥好奇之事?”

“流浪之人，路过此地，听得此处声响，一时好奇，停步一观，见你如此身手，难免叫好，惊了兄弟，抱歉抱歉!”摇铃人放下零担，抱拳作答道：“实不相瞒，我也为练武之人，就你刚才所耍套路，力度不够，有形而无力，尚有破绽!”

章玉友不服：“何以见得?”

只见摇铃人不慌不忙折一根芦秆，一头沾上泥巴，冲着章玉友说：“来试试，你用手巾攻我，我用泥巴在你身上做记号，看看结果如何?”

面对来者挑衅，章玉友心生怒火，拉开阵势，引步上前，舞起大手巾，快速迅猛，攻其要害，那真是“上打雪花盖顶，下打古树盘根”。只见那汉子摆步腾跃，挪步扣脚，身转八方，手上苇秆神出鬼没。几个回合下来，章玉友渐感手忙脚乱，体力不支，只得退步收手，抱拳作揖认输，当然，胸前已经沾满了泥巴点点。

如此这般，二人一见如故，便折芦草席地坐下，促膝长谈，原来对方也乃武林高手，长江上游湖北人士，武当道家，八卦拳传人，由于除暴安良，在当地犯了命案，逃难流落到此，以摇铃为生。章玉友携手高人进家，拜其为师。章玉友的家人，每日杀鹅一只，款待师父。师父见其好学，家人诚恳，便将八卦内家拳法，授予爱徒。

光阴似箭，日月如梭，转眼半年时间过去了，某日师父对章玉友说：“我本逃犯，久居你家，终不是长久之计，我已将平生所学传授于你，我也该走了，临走前，教你一种能一招制敌的‘绝招’——点穴功，以示你我师徒一场!”所谓点穴，是根据《易经》，利用阴阳五行原理，结合人体穴位等，衍生出的绝招，是用指力或借用某种外力，攻击人体血液运行在某个时间段的穴位，使对手体内血液暂时堵塞而失去攻击力。

章玉友当然高兴接受师父的教导，潜心修炼，直到师父认可。临行前，章玉友特地为师父购得马匹相赠，以谢师恩。章玉友的小妹，从灶膛的墙壁上取下十几个竹筒（一种装食品的工具，是用粗毛竹，在节一端锯断，两头分里外取沿，阴阳相扣为盖。）上前奉于师父："这是师父带在路上的干粮。"师父收下，含泪与章玉友一家告别离去了。

机缘巧合的一段师徒之缘，本该就此结束了。但就在师父离去的第二天傍晚，章玉友忽见墩前一马狂奔而来——师父竟然又回来了！章玉友喜出望外，快步上前迎见师父，只见师父下马，拉住章玉友说："哎呀，忘记一件大事，我只教你点穴功，并没有教你回穴功啊！"所谓回穴，是在被点穴的人身上，找到点穴相对应的穴位，用推拿手法，使其血管运行通畅，达到解除这种控制穴位的目的。

原来，这是江湖上，师父授徒，总留一手的潜规则。这种陋习是防止徒弟的技艺超过师父。而当这位浪迹江湖的师父，在行路途中，打开章玉友家人送的装干粮的竹筒后，发现里面装的全是腌制好的鹅胗，师父大吃一惊，过数后发现与自己所吃过的鹅数一样一个不少。师父这才一感动，转头回来，又在章玉友家小住数日，教授了回穴神功。

章玉友在师父的传授下，练得一身真本领，在东乡享有盛名。虽然他的为人很低调，不愿抛头露面，但在他身上还是发生了许多传奇故事。

鏖战天玉桥

咸丰年间，约公元 1864 年，太平天国首都天京（江苏南京），被曾国藩的湖南兵团包围。当时在枞阳境内驻扎的是以英王陈玉成、忠王李秀成为首的长毛军，他们一心想挥师东下，以解天京之困。但兵家打仗自古是“军马未动粮草先行”。于是，太平天国在枞阳的首领陈李二王，派出小分队下乡四处征粮。

有一批太平天国的长毛军，当时驻扎在横埠河与汤沟河分叉处的九儿潭。九儿潭，地处横埠河上游，因明朝铁骨御史左光斗有兄弟九个而得名。在潭口以南，曾有一桥，名曰天玉桥，横架南北，连接要道。据本人走访老人得知，天玉桥，是纯木质框架结构，桥面长有数丈，宽约一米，皆是上游江西运来的合抱之木，立水而起，平行数根为柱墩，横担、扶栏与主体皆由铁钉相扣，横卧于清潭之上，远望似玉带漂浮水面，很是壮观，所以，后人也称“玉带桥”。现如今是遗址尚存，遗迹不在矣。

相传当年，就在这天玉桥上，东乡名教章玉友与太平天国的长毛军，有过一场力量悬殊的生死鏖战。

长毛军，是老百姓对太平天国军队的俗称。洪秀全起义反清，做的第一件事就是反对清王朝的“留发不留头，留头不留发”的强权，主张留长发的复古意识，且当初太平军有很多都是破城后放出来的牢狱犯人，从不梳头束发，再加上常年东征西战的战争生活，使他们都是长发披肩、不修边幅的形象，故称长毛军。在被曾国藩的湘军四处围追堵截时，太平天国的长毛军们，已作困兽状，在民间横行霸道，明抢暗偷，烧杀掠夺，无恶不作。因为九儿潭一带盛产水稻大米，这伙有数十人的长毛们，已是觊觎良久。他们常驻天玉桥边的汤沟境内，在此地豪夺粮草，弄得老百姓们鸡犬不宁，叫苦不迭，但迫于这伙人的淫威，敢怒不敢言。有地方各大家族“问事”的，暗里到章家墩找到章玉友，商量应付办法。章玉友其实早知道这伙长毛们的恶劣行径，考虑自己单枪匹马，不便于这伙强盗正面冲突，正想谋得良策，赶走这伙强盗，以保一方百姓平安。

无巧不成书。话说某日，章玉友走访老家周潭东乡名教以及地方团练共商灭长毛军的大计时，在回家途中，路过九儿潭，忽闻到天玉桥边人声鼎沸，见有人群躁动在一片慌乱之中，章玉友心里一惊，赶紧飞奔而去。跨过天玉桥，只见十几个长毛军手拿刀枪，围住本地居民，旁边已有好几人受伤倒地不起了。章玉友心里“咯噔”一下，心想坏了，今日是福不是祸，是祸躲不过，必须出手，以解此围了。但事情上头不怕事，当沉着冷静应对。章玉友轻挪脚步，突然上前抱拳大声呵斥道：“敢问各位兵爷，为何事动此大怒，杀我良民？”

不等这帮长毛叽里呱啦的广西话开腔（洪秀全在广西起兵，手下兵将大都是广西人），章玉友已将全身气力聚于手臂，以迅雷不及掩耳之势，快速出手，将跟前几个长毛的背部穴位点住，被点住穴位的长毛们，身子瞬间动弹不得，一把长枪（东乡人习惯叫操刀棍子）咣当一声掉在章玉友脚边，说时迟那时快，章玉友脚板鞋底踩住长矛，向后一趿，再用脚尖向前往起一挑，顺手接过，就势耍一个面花（东乡武术的套路里常用招式，双手虎口相对，紧握棍子中心，在面前左右两边，以S形走势），向后震脚，跳上桥头。章玉友心里清楚，如在桥下交手，对方人多，肯定是寡不敌众，只有上桥，利用桥面相对狭窄之优势，一人便可抵挡，诱敌上桥，且战且退，再逐个歼之。

当然这群长毛也不是等闲之辈，他们个个都是经过训练、常年随军作战、杀人不眨眼的恶徒，其中也不乏武艺高超之人。他们并没有被章玉友的突然袭击怔住，而是很快反应过来，手舞兵器，迎面扑来。章玉友在桥头上已是胸有成竹，马步扎稳，刀锋向前，右手握棍，挽搂胁下，左手扶棍身，虎视来者，眈眈生威。

由于桥面较窄，同时上来只能两人并行。章玉友长枪在手，那可谓是一寸长一寸强，不等来者举刀，猛一发力，一个"乌龙摆尾"地横扫，两人同时栽倒于桥下，又上两贼，弃刀也拿长枪，直扑桥上，交手起来，打揭劈盖，刺托挑撩，双方纠斗，难分上下，章玉友自幼习武，东乡拳术无所不精，更何况受过名师指导，那真是艺高人胆大，丝毫不乱方寸。对手也毫不畏惧，使用车轮战，轮番上阵，愈战愈勇。正在鏖战中，章玉友发现，有长毛恶贼趁机飞身下桥底，口携砍刀，双手攀缘，企图越到章玉友身后，以来个前后夹击。章玉友一惊，只得虚晃一招，腾步后跳，退出桥头，一手抓紧桥栏，纵身跃过桥下，一手持枪扎向长毛贼，谁知这长毛贼，果然身手了得，轻溜溜的一个"鹞子翻身"，顺势躲过，就手甩过一刀，章玉友眼疾手快，提棍一挡，借其刀力，翻身上桥，但长枪棍子的一端，已被砍削欲断。与此同时，长毛贼也已上桥。

就这样打斗了半个时辰，章玉友腹背受敌，疲于应对，身上老布衣都被汗水浸透。心想，对手人多势众，而且还是如此高手。就在章玉友有点手忙脚乱时，在桥南边不远处传来叫喊声："哥哥，快用半耙！快用半耙！"原来是章玉友的小妹章小姑，从乡亲口中得知哥哥在与长毛军激战，她急忙从阁楼跃下，飞身而来，看到哥哥在桥上打斗，无法近身相助，只好一个单飞，跃到一个大罾顶上，冲哥哥喊话。

在东乡章氏祖传的武术技艺中，有一种叫"耙"的武术器械。耙，据走访，传统的有两种形制，一种就是常用的在水稻田能除草的劳动工具，样式近似于《西游记》里猪八戒的武器，拳术套路几乎失传；另一种就是三齿排叉，就是《水浒传》里解珍解宝的武器，此类器械套路，如今在周潭大山章氏后人中，还应该有所流传。传说套路有满耙和半耙之分，在实战中，满耙注重防守，而半耙的招式是攻击与防守并重，出手即伤人，所以，一般都是秘不外传的。也正因为如此，是这种拳术很快自生自灭了。另一版本是说，本来就没有所谓的满耙和半耙之分，只是民间因为章玉友大战长毛军，小妹喊话，一时情急喊出“半耙”，得以震慑长毛贼的一个讹传而已。

也就是小妹的一句叫喊，提醒了章玉友，他迅速调整动作，手中长枪瞬间变成了平时练耙的动作。因为耙的许多招式，都是连环相扣，有放有收，上拨敌手武器，下收肯定伤敌要害，就这样，三下五除二，章玉友几番快速出击，打掉长毛贼们的手上武器，挑下好几个落水，桥上的长毛们，不得不跪地求饶。

一场恶斗，就此结束，长毛贼们丢盔弃甲落荒而逃。事后，章玉友才得知，由于天玉桥是南北要道，经常有大户人家的小姐和平常百姓家的姑娘，经过此地时，遭到这伙长毛军的调戏，引起桥边百姓们的强烈反对，经常械斗被伤。这次章玉友路见不平，挺身而出，狠狠地打击了这伙长毛军的嚣张气焰，在地方上，也引起了强烈的反响，乡亲们奔走相告，方圆数十里，都有人前来章家墩拜章玉友为师，一时，章家墩上，来往人是络绎不绝。

小姑点穴伤人

话说章玉友的小妹章小姑，在天玉桥一声喊叫，使正在与长毛贼拼力厮杀的哥哥茅塞顿开，瞬间领悟，使用了章氏祖传武学秘技——半耙，终于险胜了长毛军恶贼。事后，大家不由疑惑，这小姑是怎么知道章家这种绝学秘技的？因为按照章氏祖传武学“传男不传女”的家规，小姑是不可能学到的。但事实是，小姑不但能轻功飞跃，而且知道武学绝技。这在章氏家族着实引起了不小的轰动，于是，家族各同门族长和“问事”的主事，在章家祠堂，准备对章小姑和章玉友进行问话和家规惩罚。

章小姑知道自己偷学武功，违反了家规，连累了哥哥，只得向哥哥章玉友坦白。原来，这小姑偷学武艺，与章玉友家所住房屋构造和布局有关。

当年，横埠河尚未改造，河床甚宽，章家墩与北面胡墩混为一体，横埠河道尚在墩前流过，胡墩相对地势较高，章家墩平缓，远看形同躺椅。后来在经过人工不断抬高章家墩地基后，章家在墩上花巨资建造了一座典型的徽派建筑。粉墙黛瓦，古朴精致。墩上四周种植刺槐。郁郁葱葱将房子簇拥其中，周边取土围墩，环墩有宽约五米活水流。从大门厅到正屋，共有两进，中设天井，兼做练武场所，正屋是三间两层，木质楼板，小姑住楼上，居高而临下，为了方便偷看哥哥练武，她偷偷把木质楼板镂空，以便于观察哥哥平时练功，以及与人交流武技的场景。而她在楼上佯装做鞋绣花，其实每天是在刻苦练功。

当章玉友知道小妹偷学武功成功，但毕竟是为了救自己才暴露行迹，所以，也不忍心妹妹受到家规惩罚，便私下与妹妹约法三章：

小姑必须尽快出嫁。以后不得参加家族任何武术交流活动，不得将自己所学传授外人。一旦出嫁，就可以不算章家人，也就无须接受章家家规的惩罚。

不能张扬自己懂武术，找的婆家，最好是地方小户人家，不能使用拳术伤人。

小姑到婆家，必须安分守己，谨遵妇道，不得打公骂婆，欺负丈夫。

就这样，章小姑在无奈中，含泪点头答应了哥哥，匆匆出嫁。婆家就在横埠河北岸，离九儿潭四五里处的湛湖北岸的一个王姓家（一说陈瑶湖虾溪一带），就这样才算是平息了这场偷学风波。小姑也按哥哥要求，在婆家低调做人，孝敬公婆，与丈夫相敬如宾，从不提自己懂得武学之类的话题。直到某年，小姑用点穴奇术制服了村上号称“五只虎”的五兄弟，才使小姑声震乡里、名噪一时。

点穴术是中国武术中最神奇的功夫之一。主要是通过对对手穴位的打击以达到制敌目的的一种功夫。对于点穴术是否真实存在，一直以来都充满了争议，而武侠小说中对于点穴术的夸张描写，又增加了它的神秘性。但根据中国古老的中医理论，点穴奇术还是有一定科学依据的。（以下是本人根据从事中医推拿回穴的舅父零的散口述，按自己的理解而整理。不周全之处在所难免，望业内行家指出不足，加以补充！——作者注）

点穴是根据《易经》里的阴阳、八卦、五行等原理，结合人体在二十四小时内血液在经脉里循环之规律，利用徒手或器械的冲、灌等外力，瞬间击打对手人体的某个穴位，堵其血管，使其失去运行功能，从而导致对手疼痛、麻痹、失语、昏迷，甚至死亡。点穴就必须要了解人体穴位在一天二十四小时内的运行状况，只有在不同的时辰点不同的穴位，才能达到效果。古时将一天分为子、丑、寅、卯、辰、巳、午、未、申、酉、戌、亥十二时辰，每一时辰为两小时；每一时辰管三刻（120 分钟），每一刻（40 分钟）就是人体穴位的一小穴位点。人体能被点穴的共有 108 个穴位，分外穴，即大穴位 36 个；内穴，即小穴位 72 个。这 36 大穴位从子时的心穴起，到下脘穴、脘血穴，到丑时再往下数三个穴位，如此类推。就点穴导致的后果来看，可分为昏穴、死穴、哑穴、咳穴、瘫穴等。

在搏击中实施点穴时，点穴者不光要掌握好穴位与时辰的关系，还要具备使速度与力量同时爆发在一点的能力。后人通过理论与实战经验，总结了点穴歌诀：

子丑寅卯定血旺，
辰巳午未此时强。
不怕同门金刚钻，
取他一命见阎王。

相传当年小姑是缘于一场田间纠纷，迫不得已才出手伤人的。因为丈夫姓王，在湴湖一带属于单门独户的小户人家，丈夫更是胆小懦弱之人，时常遭到左右隔壁的欺凌。时遇大旱之年，又逢做田栽秧之季，小姑见庄上人家皆已车水做田，苗秧布种，小姑性急，也催丈夫下田劳作，可是到了日上三竿，丈夫却迟迟不肯出门。在小姑的一再追问下，丈夫才吞吞吐吐地说出实情。原来此庄上有个大户人家，弟兄五个，个个身大力不亏，经常仗势欺人，飞扬跋扈，横行乡里，乃村里一霸，人称“五只虎”。小姑家水田与之相毗邻，共用一个车水墩，遇此旱年做田，那车水墩也就是他们一家的了，谁敢与其相争，更何况这王家又是安分守己、忠厚本分的小户人家。

小姑一听，不由怒火中烧，气不打一处来。“今日姑奶奶非要去车水做田，看他们能怎样?!”小姑当即决定，对丈夫说：“你别害怕，我有办法制服他们!”说着扎紧罗裙，拿起两只车拐（木质老水车，人工车水的工具），叫丈夫驮起水车赶往田畈。等丈夫装好水车，小姑对丈夫说：“你先回家关门吃饭睡觉，无论发生何事，我不回去不开门!”丈夫本是胆小怕事之人，见妻子如此，也只好唯唯诺诺，摇头叹气地回去了。小姑慢拿起车拐，慢悠悠地车起水来，果然不一会，“五只虎”中的两个弟兄，气势汹汹地朝小姑撵过来，冲着小姑恶狠狠地吼道：“你是吃了熊心豹子胆，敢在这水墩车水，赶紧滚开！”说着，一人去搬水车，一人去夺小姑手上的车拐。小姑见此情形，也不与其理论，从容扯下车拐，向后一个弹跳，避开对方抓扯。这一动作，更是激怒了对方，这兄弟二人饿虎扑食般地扑过来，小姑拉开弓步，拿起车拐，不等二人站稳，便以闪电般速度，在两人站距中间，分别敲打了一下，只见二人轰的一声栽倒在田沟里，当场昏厥过去。

原来，这二人是被小姑点击了人体的穴商、穴海两大昏穴。此两穴在人体腹部两边腰下，左为穴商右为穴海，是人体存血最多的地方，点到即昏，乃人体两大命门之穴。小姑此举，惊动了“五只虎”的其他弟兄，他们纷纷拿起操刀铁尺，赶到田边，呈扇形包抄过来，小姑却毫无怯色，动作娴熟，身手敏捷地舞动车拐，与他们打斗起来。只见她提、挂、挡、扫、闪，快若流星，几个回合下来，对手一个个应声倒下，一动不动了，全部被小姑点住昏穴了。

等庄上男女老少赶过来时，谁也不敢相信，这身强力壮的五兄弟，竟被一介村妇击倒在地。而这时小姑也扔掉车拐，双手抱拳道：“各位父老乡亲，你们评评理，大家都有水栽秧，我家却无水犁田，今日我出手伤人，实属无奈，并不想取他们性命，只是点住穴道，等我家车好田水，他们也就自然醒来。”说着，腾身一跃，穿过人群，飞奔而去。

其实，小姑在娘家偷学了点穴之功，可并没有学会回穴之能，但她心里清楚，这人体穴位被点，过时不解，便会由于血管自破致人死亡。于是她急速离开，是想到赶快回娘家找哥哥章玉友前来解穴。

不时，小姑回到娘家吗，进门便扑通跪倒在哥哥跟前，声泪俱下，一五一十将这事告诉了哥哥章玉友。章玉友大惊，小妹这是闯了人命关天的大祸，也来不及责怪小姑，慌忙拉她一起，迅速赶往事发地。就在这期间，有人已经前去报官，“五只虎”的家人呼天抢地地哭作一团。章玉友到现场后，狠劲抽了几口黄烟后，慢慢收起烟袋，挽起衫袖，围着被点穴倒地的这“五只虎”转了一圈，才蹲下身去，将他们一一翻了个身，然后，在每人的脑后颈上捏了一把，最后站起身来，在他们身上的不同部位，用脚尖猛踢了一下：“都起来吧，日头下山了，回家去吧！”

外行看热闹，内行看门道。章玉友的这几个动作，其实就是进行了针对被点穴者相应穴位的解穴的手法。中医里的针灸和推拿，需要懂得人体的分经、挫骨的理论，是与解（回）穴皆同一理。主要是根据被点穴位相对应的穴位，以推拿手法先松之，再以相应力量击打之，以疏其经脉，通其血管，来达到回穴之目的。对于回穴，后人也总结了要诀：

打前必在后

打左必在右

打上必在下

打中在两头

就这样，“五只虎”的弟兄们，在围观者的一片惊呼中，陆续睁眼，爬起来，轻嘘一口气，摸头揉腰，面面相觑，恍若梦醒一般。

自此事以后，村里人都知道了这章小姑就是享誉东乡的名教章玉友的小妹，再也没有人敢欺负他们家了。村里的“五只虎”在被小姑点穴制服后，也明白人外有人山外有山的道理，都痛改前非，与邻里和睦相处了。

东乡出了个章胜有

口述：周根苗　整理：昨夜星辰

“东乡出了个章胜有，打遍天下无敌手。”这是清末年间，流传在老桐城县东乡的一句民谣。

章胜有是何许人也？出古镇汤家沟沿大新圩埂过九儿潭渡，在庙前圩与裕丰圩的交界处，一个小村庄叫章家墩子，这里就是章胜有的家。这章胜有中等个，不胖不瘦。平素总爱戴一顶破草帽，腰间扎一条老布大手巾，一副地地道道的当地农夫打扮。别看他其貌不扬，却有一身好武艺。原来在清王朝后期，“老佛爷”当政，朝廷腐败，洋人入侵，民间匪盗横行，而东乡自古便有习武之风，百姓们信奉练武保家防身，于是，村村设坛，庄庄教打，各家各姓教师（武术师傅）吃香走红。章胜有生在武术之乡，从小耳濡目染，自幼爱上了武术。他先后拜了十多个师傅，到了二十岁左右，东乡武术的基本套路尽入囊中。徒手拳像“通臂”“小五步”“狮子回”等，打得人人叫好，个个喝彩。器械如单刀、铁尺、齐眉棍，还有板凳花，耍得寒光闪闪，虎虎生风，端的是人莫敢入，水泼不进。章胜有从小在班辈中脱颖而出，在东乡小有名气，便自恃武艺超群，算得东乡一条好汉，渐渐陶醉于“打不过东乡”的飘然感觉之中。

话说山东有个武术教师（教头）到上江游学。此人生得人高马大，膀粗腰圆，是个典型的山东大汉。不知其名，就称之为“老侉子”。一日，这老侉子来到汤沟地界，从街谈巷议中得知章胜有武功十分了得，便想会会他。几经辗转，老侉子终于找到了章家墩子，摸清了章胜有的住所：三间茅屋，门前一棵大槐树。这天恰好章胜有外出不在家，老侉子在章胜有房前宅后转了几圈，没有发现什么特别之处。心想，这个习武之人，屋外没有练武设施，室内不见刀枪棍棒之类器械，难道只是空手习武？正纳闷时，他看到树荫底下有个石地宕，很好奇。老侉子指着石地宕问旁边的一位妇女：“姑娘，这东西作什么用？”那女人见他是外乡人，便信口答道：“这是章胜有练功用的。他每天晚上练一次，独手拎起地宕在屋前屋后走三圈，末了还举在头顶拿一个‘棉花’才轻轻放下。”“呵，是这样。”那女人走后，老侉子偷偷用手一试，“乖乖，这家伙沉得，足足有三百斤。”他先用双手抱住，在屋前稻场走了几个来回。又用单手紧抓地宕口边沿，也能拎起尺把高。但用尽吃奶的力气，怎么也举不上头顶，别说再拿几个“棉花”了。老侉子心想：这章胜有何其了得！简直是力举千钧。看看天，已是红日西坠。老侉子偷偷溜出村，顺着河沿来到一座小桥边，准备过河到汤沟去歇宿。

这桥其实也算不得是桥，被称作“小挑”，洲圩地区比比皆是。二丈来宽的河面，中间用木桩扎个十字交叉架，两头用粗毛竹一担，人就能通行了。若有船临近，只需将毛竹挑起，大小船便能顺畅而过。

老侉子上了挑，只见小挑中间靠木桩的地方已有一个人。此人手扶木桩，上身前倾，只屁股留在小挑上。旁边挂着个狗屎掩子，是个捞狗粪的。老侉子走近这人，正待侧身过去。说时迟那时快，这人突然一转身，朝老侉子腋下猛击一掌，“叭”，老侉子应声落水。河水有丈把深，老侉子身高体重，入水后无影无踪，连水泡也不泛一个。捞狗粪的急了，一个猛子扎到水里。十几分钟后，两人同时从水里钻出来，互相扶着爬上了岸。

“好汉，多有得罪!”

“哪里，哪里，请问您是章胜有吗?”

“嘿! 我是章胜有的徒弟。我师傅那还了得，能在水里泡七天七夜。”

“那好，请您带我去拜会您师傅。”于是，二人来到了章家墩子，径直走向了章胜有的家。开门，进屋。原来这捞狗粪的就是章胜有。

有道是“不打不成交”。老侉子在章胜有家住了三天，两人少不了交流武术，切磋技艺。章胜有献上了东乡武术一些套路，老侉子表演了“岳家锤”，在章家墩子学会了独手拿地宕，过顶舞棉花。几天下来，两人结为至交。章家倾其所有，好茶好饭招待。老侉子悉心传教，章胜有收益不小。到了第四天，老侉子要回山东去了。章胜有见天外有天，决心前往山东学艺，老侉子欣然同意。

二人出了安徽，到了山东地界。一路上风餐露宿，历尽辛苦，不必细表。一日，来到一个平原地带。但见面前有一方秧田，足足有一石种大小。突然，老侉子从腰间拔出铜锤，只一扬，便甩到了秧田中央。那铜锤深深插入泥水之中，只露出短短锤柄。老侉子对章胜有说：“麻烦你去把铜锤取回来。”章胜有脱了鞋袜，正待下田。“这不行，会踩坏秧苗，糟蹋了庄稼。”铜锤离田埂足有二三十丈远，不下田怎能取回? 章胜有面露难色，无计可施。“看我的!”只见老侉子一个单飞，箭一般飞窜至秧田中心拔出铜锤，又一个单飞稳稳地落在田埂上，脚不落泥，鞋不沾水。“好家伙，会轻功!”章胜有不禁唏嘘，自叹不如。

又走了十多天，二人到了一个大湖边。这湖方圆几十里地。远处，帆影幢幢，渔舟点点。近处，鸥鹭翻飞，水鸟鸣唱，好一个水乡泽国之地。四周绝少人家，烟波浩渺中遥见湖中心一座村庄，浓荫葱郁，屋舍俨然。老侉子伫立湖堤，手指湖心村庄道："那就是我们要去的地方，过去吧！"没有船怎么过去，难道你能插翅而飞？章胜有正疑惑间，只听见老侉子朝湖心打了个忽哨，一只双桨独木舟飞也似的朝岸边驶来。章胜有上了船，老侉子一只脚朝船头轻轻一点，"忽喇喇"，小船离岸十几丈远。再看那老侉子，鞋不脱裤腿不卷，在岸边稍一运气，竟用双脚踏水而行。只听得"叭""叭""叭"人无踪，水无痕，转眼消失在渺茫水天之中……

章胜有上岸后，一眼瞥见老侉子向他招手。二人进了村子，这个村庄为湖中之地，百十户人家散居在庄子周围。田园屋宇，井然有序。鸡鸣犬吠，时可耳闻。村中央有殿式建筑三座，第一进为武圣关帝庙宇，关老爷端坐其中，周仓手持青龙偃月刀侍立一侧。院内设香炉香案，供善男信女们烧香拜佛。朱红殿柱，金色楹联，雕梁画栋，古色古香。第二进是陈设兵器之场所，刀枪剑戟，斧钺钩叉林立，一派肃杀之气。第三进供好汉们习武练功之用，形制较大。殿前一杆大旗，在空中云卷云舒，黑漆大门前，一对巨大石狮雄踞左右，八只石鼓罗列两边。古砖修砌的围墙高丈余，围墙内青石板铺地，两侧木架上插满各式兵器。看那架势，不是打家劫舍地，也应绿林啸聚村。进得门来，大厅内有两根合抱粗的庭柱，后设一坛，坛上一桌一椅，为师傅传经讲习之宝座。石板地面坑坑洼洼，是好汉们经年累月习武之印记。

老侉子引章胜有拜过了师傅，又与师兄师弟们逐一见面。那师傅是五十多岁的老女人，眉心和眼角已爬满皱纹，一个角巴罩在脑后。其身高不过五尺，重不足八十斤，乍看是个极普通的乡下老妪。但那一双眼睛像闪电一般刺人，一开口声如洪钟。底下那一干徒弟们毕恭毕敬，任凭老太太吩咐，章胜有先自服了三分。

章胜有跟着山东老太太学艺三年，直练得十八般武艺样样精通，几十件兵器件件会耍。端的是浴火重生，脱胎换骨。一日，老太太召集诸位徒弟，开言道："你们明日就要出师了，今天就教各位'破拳'吧。"首先安排徒手较量。徒弟们各展其能，与老太太一对一交手。但见师傅忽而腾挪跳跃，身轻如燕；忽而风驰电掣，拳重如山。一个个点到为止，让徒弟们领悟绝招。二十几人车轮大战后，老太太面不红气不喘。而那些徒弟们，有的气喘如牛，有的精疲力乏。休息了片刻，老太太吩咐众人各执兵器一齐上。大厅内，众好汉奋勇争先，手持兵器将老太太团团围住。老太太仍徒手搏击，面无惧色。只见她忽左忽右，或高或低，众人拿她不着。大战半个时辰后，众好汉杀得兴起，齐喝一声彩："着！"只听得"嘘"的一声，众里不见了老女人的身影。大家举目找寻，但见老太太稳稳地贴在丈把高的墙壁上，好一个"贴壁挂画"！众人奈何她不得，只好央求她下来。

破拳之后，众好汉告别了师傅，各奔前程去了。章胜有却留了下来，继续跟着老太太练习轻功和贴壁挂画，一年后学成回乡。这以后便演绎了东乡三十六名教大战九华山，惩治淫恶和尚的故事。由是，三十六名教声名远播，"东乡出了个章胜有，打遍天下无敌手"的民谣传遍大江南北。

黄小姑两下苏州报父仇

搜集整理：吴昭谦

在三十六名教头中，有一位巾帼英侠，人称黄小姑。她原来姓章，名素芸。为报父仇，她历经艰险，两下苏州，最终除掉了仇人。

章素芸之父章启勋，原系枞阳周家潭大洪山武师。在镇压太平军时被编入淮军，初任小头目，因他精通拳剑，后任军中教练。同乡许三、魏达，也编入淮军悍将程学启部，但他俩游手好闲，其中的许三绰号三脚猫，尤为无赖。他为了巴结讨好程学启，想将章素芸介绍给程学启做“压寨夫人”。章父不允，许三便设计挑拨离间，说章启勋辱骂程，程学启哪能容得。于是二人合计将章启勋诱骗至兵营中，诬他投敌。结果章启勋与另外的太平军 8 个降王一起被杀掉。事后，许三封锁真相，写信给章素芸，说其父被英国军队杀害，邀她去苏州，商办后事。章素芸怀着悲伤疑虑的心情，女扮男装来到苏州，暗中查访，得知父亡真相。色迷心窍的许三知素芸来苏州，就约她会面。会面后，许三先是猫哭老鼠假慈悲地安慰素芸几句，紧接着置酒款待，托词调戏，想达到以桃代李之计。几杯酒过后，素芸猛地从小腿绑带中抽出匕首，对许三直刺。那许三也是两手准备，心存戒备，在右颊被划破后，迅即往桌下一缩。素芸掀翻桌子，二人随即交手打斗。许三哪里是素芸对手，见打她不过，虚晃一拳，便溜之大吉。

仇人未杀死，素芸怅然而归，归途中经滁州琅琊山，遇到一位老尼，竟是武林高手。于是拜师学艺，苦练剑术，并向她诉说自己冤仇未报之苦。老尼念其孝心可嘉，表示愿助一臂之力。

这年春末，程学启驻军营房外来了一老一少两位村妇，正是素芸与老尼。程学启听说桐城章小姐来了，喜笑颜开。见面一看，章小姐美色果然名不虚传，急忙设酒款待，并重提成婚之议。素芸假装答允，并设计诳许三回来对质。当素芸得知许三回来查明住处后，在夜晚二更时，来到许三处将他生擒，横驾于马上，直带到父亲的坟上，先审问了一番。此时许三如实招供了他如何在勾结英军戈登谋杀 8 个降王的同时对章父下了毒手。待三脚猫招供后，章素芸砍下许三的头放在父亲坟上祭奠。随后，素芸寻小路直奔昆山，把仇人魏达也送上了西天。

素芸报了父仇，复回家乡，终身未嫁。后在桐城、无为交界处结庐居住，自称黄小姑，潜心习武、练功，过着清静平淡的生活。

章冠鳌大战太平军

整理：谢思球

章冠鳌者，何许人也？说起来大名鼎鼎，他在闻名大江南北的东乡三十六名教（著名拳师）中排名第一。近日，笔者在《吴汝纶文集》中十分欣喜地发现了一篇《章冠鳌传》。国学大师吴汝纶先生亲自为章冠鳌作传，可见其影响非同一般。

吴汝纶在章冠鳌死后两年，为躲避战乱，来到东乡。这里有一个问题颇值得一提，吴汝纶避乱为什么非要来到东乡呢？通过这篇传记，我们大略可以知晓原委。东乡地形复杂，民风剽悍，人人会武，各路乱军从不敢轻易涉足东乡。吴汝纶与章冠鳌并不相识，他在东乡避乱期间，亲耳听到关于章冠鳌的故事，有感于此人的侠义精神，遂为他写下这篇短传。这是关于东乡武术弥足珍贵的史料。通过这篇仅六百余字的《章冠鳌传》，我们可以一窥东乡武术的全貌，并可以得知当年太平军与东乡民团决战的大致经过。下面是《章冠鳌传》全文：

章冠鳌者，桐之东乡人也。其先世世习农务。冠鳌为人骁勇有气力，然亦业农，为人佣，尝任并日之功，人争致之。东乡俗尚意气，其民好斗敢死。冠鳌居东乡，乡之力士皆出其下，子弟攻武艺者多从冠鳌游。咸丰癸丑，粤贼陷吾桐，桐民俱受贼害。东乡负其意气，贼至，辄群毙之，匿不以闻。久之，贼微觉，相戒勿过东乡境，迂道行。以故五六年独不被贼，贼亦以是怨东乡未发。章氏于东乡为巨族，多豪健精悍之士，他族皆不之及。冠鳌尤以骁勇冠其族人。贼怨东乡久，又所诛求辄不报，己未秋，拥众大掠东乡，乡人聚族居者姓，率其族御之。冠鳌之族数千人为前队，与贼遇，贼众且十倍章氏，他族见贼众甚，皆望风而靡，莫敢援章氏者。贼围章氏数重，章氏大困。顷之，一人带剑持矛，奋臂大呼，率众突围而出，出顷之复入，如是者三，格杀贼不可胜计，矢石火炮如雨注，不能中，出入重围中如无人，贼众辟易，不敢仰视。询之，乃冠鳌也。围竟解，章氏数千人得无恙。贼以冠鳌故，不敢留东乡，稍稍自引去。后贼中每相与语及冠鳌，辄惊愕相顾曰："吾有是人，天下不足争也。"冠鳌既解章氏之围，行里许，就地坐，叹曰："吾气尽力竭，不能行，且死矣！"族人舁以行，复数十步，呕血而卒，时年已六十余矣。既卒之二年，余避乱至东乡，乡人每津津谈冠鳌事，有泣者，过前年与贼战处，辄相指示为美谈，曰："犹记章冠鳌杀贼突围时也。"

野史氏曰：冠鳌一农人耳。余闻其为人温然有儒者气，又其事亲孝，有一弟，而独养母，垂老如孩提。记曰："战阵无勇，非孝也。"余观冠鳌，不能无慨焉。

章冠鳌在三十六名教中排名第一，就是这样一位武功盖世的武林高手，平时的生活来源是"业农，为人佣"，即自己种田耕地或在有钱人家当佣工。东乡旧时习武成风，各家争聘武师，一名武功高强的教师爷是很吃香的。尽管章冠鳌有一身武艺，但并不搞什么特殊化，更不横行乡里。否则，以他的功夫，还用业农为佣吗？"乡之力士皆出其下"，说明他收徒之多。"粤贼"指太平军。洪秀全的拜上帝会和后来的太平天国从来没有自称过是"太平军"，他们自称"天军""天兵"，因为他们都留着一头长发，老百姓管他们叫“长毛”，官方管他们为“粤匪”“粤寇”“粤贼”。直到 20 世纪初，清朝灭亡，民国乍兴，在各种著述中才逐渐有了“太平军”之称。然而，这样一支所谓的“天兵”，并不是替天行道，而是横行乡里，大肆劫掠，给人民带来无尽的灾难。

那么，面对这样一支军纪败坏的队伍，侠义肝肠的东乡人会奋起而反抗吗？答案是肯定的。“东乡负其意气，贼至，辄群毙之，匿不以闻”，当小股太平军到东乡抢劫，东乡民众一拥而上，将他们全部击毙，而且严密封锁消息。如此三番五次，太平军肯定觉察到了其中必定大有文章。此后，他们有五六年时间再不到东乡，甚至是绕道而行。但是，太平军与东乡的仇怨却是越结越深。矛盾终于到了白热化的程度，太平军与东乡民众之间，一场大战已不可避免。“己未秋，拥众大掠东乡”，己未，即咸丰九年（1859 年），“拥众”，人数肯定很多，太平军是有备而来。面对这种危急的形势，东乡大姓如章氏、周氏、左氏、钱氏等以家族为单位，抽选本族精壮劳力，组成了家族武装。面对训练有素而且作战经验丰富的太平军，这些地方武装先天不足，存在着许多问题，最重要的是他们缺乏统一有效的指挥。果然，当太平军突然到来时，只有章冠鳌率领的章氏千余人与之展开搏斗，而其他家族早已望风而逃。

在人数上，章氏有千余人，“贼众且十倍章氏”，太平军可能有万余人。“贼围章氏数重，章氏大困”，敌众我寡，章氏人人要以一当十，形势万分危急。我们再看看章冠鳌的表现，“顷之，一人带剑持矛，奋臂大呼，率众突围而出，出顷之复入，如是者三，格杀贼不可胜计”，这一段写得惊心动魄，章冠鳌一手握剑，一手持矛，左右开弓，奋勇杀敌，率众突围，突围之后却又冲进了包围圈。为什么？因为当时冲出包围圈的肯定只是一部分村民，当章冠鳌发现还有章氏成员在圈内苦战时，他又率众再次冲入。“如是者三”，一方面说明章冠鳌进出敌阵如无人之境，另一方面，说明他是一个与众乡亲共存亡的大侠！“矢石火炮如雨注，不能中，出入重围中如无人，贼众辟易，不敢仰视。”太平军在战后谈起章冠鳌时感叹说：“吾有是人，天下不足争也。”这就是章冠鳌，一位让敌人只能仰视的对手，他不就是长坂坡上赵子龙一类的英雄吗？甚至，他比赵子龙还要伟大，赵子龙救阿斗只不过救一人而已，而章冠鳌是救众父老乡亲。

通过对章冠鳌的这一段描写，我们可以看出东乡顶级武林高手的高超武技和侠义风范。一代大侠章冠鳌还是死了，力竭而死，他并没有受到什么重伤，他完全是累死的。

关于枞阳东乡武术，民间相传着各种版本的故事，但留下来的文字则十分少见。关于太平军与东乡民团决战的原因，过去民间一直传说是太平军要借道东乡，地主武装利用东乡三十六名教保护他们的家产，从而怂恿他们与太平军决战。通过《章冠鳌传》，我们可以看出民间的这些说法是站不住脚的。“粤贼陷吾桐，桐民俱受贼害”，一个“俱”字，说明受害之广、之重，太平军到东乡也并不是借道，而是抢劫。以章冠鳌为首的章氏，是为了尊严而战。

章冠鳌，一位真正的民间大侠。

寻找东乡三十六名教

整理：黄复彩

一

一百多年前东乡三十六名教的传说在枞阳一带流传甚广，这也是东乡武术一直盛行的源头。但这段历史一直是口口相传，没有完整的文字记录。随着一代代老人的逝去，有关三十六名教的故事形将湮没。我在周潭辗转三日，寻访了十几位老人，所能得到的，不过是一些零星的传说。上了年纪的人，多半讲述不清，而能讲述的，又记忆不全。我开始相信，虽然我不是第一个前来寻找东乡三十六名教的人，但极有可能是最后的一个。

在周潭，第一个向我讲述这段故事的是开澡堂的老余。老余的三层楼房在那一条街上鹤立鸡群，高大的门楼洒满阳光，院子里摆满了各种盆景，春光下的余家大院熠熠生辉。刚过中午，已经有人来他的澡堂洗澡，老余的儿子在柜台上经营着业务，老余坐在门前的阳光下向我讲述三十六名教打九华山的故事。这是一则古老的传说，恶僧犯戒，为害乡里，三十六位好汉在柯村老田吴人的内援下成功攻打九华山，铲除恶僧，为民除害。这故事我听得较多了，希望能听到更多关于三十六位好汉个人的传奇经历。老余看出我的不满足，便提出带我去认识另一个老人周腾飞。

转过一条街角，我们走进周腾飞的家。这是一个高大魁梧的老头，78 岁，戴一副眼镜，看上去有点像一个日本学者。周腾飞家的老屋有年头了，堂屋里挂着一幅油画，很难想象一个乡村老头能画出这样的油画，但这却是周腾飞早年的作品。这是一个精明且有着相当生存能力的人，他没有上过一天学，却能写一手漂亮的书法，能画国画和油画。当年他从废品收购站捡来一些废旧钟表，无数次的拆卸和装配，让他在周潭街有了一套谋生的手艺。凭着这门手艺，周腾飞养活了一大家人，他在周潭街上也被人称为能人，我从他衰老的脸上仍然能看到当年的孤高之气，这是不难理解的。听说我是来搜集三十六名教的传说，老头沉静地向我表达了他的热情，他说："这是功德无量的事，再不抓紧搜集整理，这些事就被人遗忘了。"

周腾飞向我叙述了三十六名教的由来。一位姓鲍的山东大汉因杀富济贫，被官府追逼，逃到周潭七井村，后被一女子巧妙救下，女子将他带到家里，并与自己的丈夫结拜为弟兄。鲍姓男子就是这样将他过人的武功带到东乡，东乡由此而有武术，也由此而有三十六名教。据说这位鲍姓好汉逝世后，村民们为他修了一座宗祠，七井村至今仍存鲍氏祠堂。鲍姓男子与这女子一家是如何亲密相处的？他在七井村到底做了哪些义举，以致村人在他逝后竟为他修一座祠堂？这些都成为一个个历史疑案，给人留下想象的空间。

第二天当我们再次来到周腾飞家时，屋子里有一年轻的女子在忙碌着，我有些冒昧地问："这位是？"周老说："我们生活在一起。"我明白了，我或许是问了一个不该问的问题。后来知道，十年前，周老的发妻逝世，不久，一个比他年轻一半的女人走进了他的屋子，成为他的第二任妻子。我开始知道，周腾飞不仅有征服艰难时世的能力，也有着征服女性的本能。这的确是一位不一般的老人。

接着，我们又驱车来到东乡与无为县交界处的施湾村，去找老教师周志雄。堂屋里，瘦小的老头周志雄正同一帮晚辈女人在打纸牌，听说我此来的意图，周老欲放下纸牌，却遭到几个女人的反对。一直等到一局结束，周志雄终于放下纸牌，收拾起桌上的零钱，将我们带到另一间屋里。然而，很长的时间里，周志雄都在向我们讲述他的人生经历。他幼年丧母，父亲秘密参加了红军，后来成为抗日军政大学的一位教官，但却在某一个夜晚死于同伴的黑枪。新中国成立后，年轻的周志雄曾为探明父亲的真实身份而颇费周折，终于被确认为烈士遗孤。在讲述过程中，周志雄不断地叹息说："我这一辈子，命是多么的苦啊。"

我不知道该用怎样的话来安慰周志雄，作为儿子，他的确是不幸的，在他的记忆中，不仅没有母亲，也没有父亲。而作为从那个时代走过来的人，周志雄又是幸运的。我不得不把话题重新引到三十六名教的事情上，但周志雄说他并不清楚三十六名教的故事。

二

施湾小学代课教师左萃莲听说我来到施湾，执意要请我去她家做客。天色已晚，倒春寒凶猛异常，寒冷让我这衣裳不备的外乡人猝不及防，我几乎冻得瑟瑟发抖。更重要的，我对施湾是否有三十六名教的故事已失去信心，左文用手机招来一辆乡间出租车。就在我决定上车前往周潭时，左文的手机又响了，是那种这两天我熟悉的铃声："伟大领袖毛主席教导我们说，革命战争，是人民的战争，只有动员群众，才能……”是左萃莲的电话。左萃莲在电话中说，她的公公是一位武术好手，而且对三十六名教的故事能说出一二。在呼啸着寒风的公路上，左萃莲的电话重新勾起我的欲望，我们当即决定趁着夜色，前去拜访左萃莲 87 岁的公公左祥烈老人。

施湾是一座有着三千多人口的大村，密集的房屋挤挤挨挨，村子里的巷道纵横交错。在手机的微弱光亮下，我们高一脚低一脚地向村子里摸去，终于来到一座房屋前。然而屋内漆黑一片，左萃莲的大嫂在屋内说，电路坏了，而且老爹早就睡了。左萃莲进到屋里，她想把公公叫起来，被我阻止住了。这样寒冷的天气，老人要是受凉染病，我就成罪人了。

左文看出我的失落，安慰我说，明天我带你去彭桥，那里现在仍然有一批武术人，不久前安庆电视台还在那里拍过专题片呢。

周潭街上漆黑一片，只有一些人家亮着灯火。寒风在头顶上呼啸着，让人觉得寒冷异常。我走进老余家的澡堂，老余的妻子一见到我就说：“老先生今天收获怎么样啊？”我说：“可以啊。”老余说：“年代太久了，清楚这些事情的人真的不多了。”

换了鞋，我们下到老余建在地下室里的澡堂。老余的澡堂规模虽然不及安庆的一些洗浴城，但却是按照一般洗浴城的规格而建，有一方大池子，甚至还有两张冲浪椅。澡堂里氤氲着一团雾气，池子里的水清澈透明，洗澡的人不是很多。迅速地跳进大池子，顿时感到一种说不出的温暖舒畅。洗完澡，坐在那里休息，老余下来了，于是与老余聊天。老余 63 岁了，看上去比实际年龄显年略轻。这是一个扎实肯干的农民，早年依靠在外面搞装潢业务，终于建起这座堂皇的楼房。去年冬天，老余花去十多万元，建起了这间澡堂，水源是院子里的一口深井，每天可接待四五十人，算起来，每天可净赚百十元。

回到旅社，老板一家已经睡了，叫开门，看看手机上的时间，不过九点多钟。这时候在安庆，夜市才刚刚开始，而周潭街却一片沉寂。

第二天，坐着左文的摩托，我们来到彭桥村。沿着一条小河，感觉着这座村子的庞大和环境的清幽，左文告诉我说，彭桥村章姓为第一大姓，一百多年来，章周二姓为水和山场械斗不断，而起因却是当年与太平军的那次恶战，两姓交恶，男女互不通婚。20 世纪 80 年代，两村还爆发了一次大规模械斗，当地政府动用了数百名武警才得以制止。当然，随着改革开放，这种两姓交恶的局面已不复存在，两姓通婚也已成为常态。

那边，彭桥小学校长章友武早候在那里。于是，章友武骑着自行车在前面带路。章友武自幼习武，至今没有间断，每年冬天都会有一批年轻人前来他家拜师学艺。章友武在前面带路，又将我们带到一处人家。门前一片开阔地，四野绿树红花，可见主人的生活情调。这是农民章能习的家。章能习五短身材，腰板挺直，说话中气很足。坐在他门前的场地上，章能习向我讲述了章家的老祖宗、三十六名教之一章官鳌的一些故事。章官鳌的撒手锏是一种叫“半耙”的武器，当年与路过此地的英王陈玉成作战时，章官鳌就是用这半耙的功夫救下他的父亲，并从太平军重重的包围中杀出一条血路。

应我的要求，章能习和章友武分别表演了棍术和拳术。这是完全有别于电视上表演的武术，章能习说，这一带的武术，实用性非常强，进攻和防守，都在一刹那间完成。然而，村与村的交恶械斗早成过去，一批批年轻人走出乡里，到外地打工，彭桥村的武术，也将有失传的危机。

三

第二天下午，我们再次来到施湾。在施湾小学，我们见到 87 岁的老人周祥烈。老人五短身材，结实、硬朗，据说，老头每隔几天就要上山砍一担硬柴回家，每次都在 130 斤左右。周祥烈年轻时习武，曾在地主家看场护院，每年秋天，当上海的烟船来到枫沙湖装烟叶时，周祥烈就与村子里一帮青壮年帮忙运输，周祥烈每担老秤总在三百斤（合现在 450 斤左右）。很难想象一个肉体的身躯能担当起这么重的分量。

周祥烈向我叙述了九华山老僧下山复仇的故事。其时章官鳌已老，得知老僧来者不善，知道已不是老僧对手，便在家中布置了灵堂，佯装已死。那天老僧走到田间，看到一老农正在犁田，老僧问："知道这里有个叫章官鳌的人吗？"章说："呵，那是我家主人，前天刚死，还没来得及发丧呢？"老僧说："那就请你带我去你主人家看看吧。"章官鳌说，可以啊。说着就将那头牛一把夹在怀里，另一只手开始为牛洗脚。老僧知道，即使是章官鳌家的佣人，也不是等闲之辈。老僧来到章家大院，果然看到挂着白幡，一家人正办丧事。院子里停着一口棺材，老僧相信，仇人章官鳌的确已死。老僧说："章官鳌，你既已死，我就不同你计较了，但我要让你死无全尸。"老僧说着，用手在棺材上一抹，只听棺材里一阵轰响，冒起一阵白烟，老僧呵呵一笑，扬长而去。老僧去后，章官鳌让人打开棺材，只见他放在棺材中的砖石已成粉末。

周祥烈说他年轻时与人打架一般都是因为山场，三两个人不能近其身。他念了一段武松拳口诀：

武松打虎二龙岗

金盆拍水到边场

左边立字，右边单枪
马龙扫地到天堂

左萃莲说她公公年轻时会唱小调，尤擅长情歌。周老面呈羞色，连连说："情歌我不大唱，情歌我不大唱。"在我一再央求下，老头终于为我唱了一段《八条手巾》。略录如下：

一条毛巾用线挑
白纸包包挂郎腰
手巾系坏用线补
千针万线姐来挑

四条手巾四拐清
四拐金珠有半斤
只怕小郎担不动
转过桥拐有情人

六条手巾六尺多
小郎系腰把眼睃
睃来睃去睃哪个
睃来睃去睃情哥……

接着，周老又给我讲了一段三十六名教之一的罗德先生的故事。

讲完罗德先生的故事，周老说："我要回去了，家里还供着木匠。"我不敢再耽误老人，我问老人现在是否还能打拳。周老说："虽然多少年没练了，但哪能忘记呢？"我请求老人为我打一段拳，她的儿媳左萃莲也帮着说，让他表演一段武术。老人于是脱下棉衣，在院子里为我打了一通武松拳。我从相机里看着老人的招式，并不时按下快门，只听得周围的土地被老人的脚跺得阵阵响动。我这才知道，为什么这个老头至今还能挑起 130 斤的硬柴了，我也终于相信，东乡的武术，果然名不虚传。只是，再也没有人续起这武术之乡的传统，再扛起东乡武术的一杆大旗了。

四

回到周潭，天还没全黑。再次来到老余的澡堂洗澡。澡堂里仍然只有三两个人。刚洗完，老余下来了，坐在那里闲聊。旁边有一人大约从我与老余的聊天中猜出我是记者之类的人物，便说："记者同志，我想请你明天去一个地方采访，帮助曝一下光好吗?"我连忙说："我只对历史感兴趣，不关注现实。"老余说："为什么？你这样做记者就太没有良心了吧。"我很想告诉他，我是一个非常有良心的记者，我曾经为了给 108 户农民打官司，不仅得罪了一帮官员，甚至差点送掉性命。但我还是说："我现在已经不做记者了，我是一个作家，我此次来周潭，只有一个任务，搜集三十六名教的历史传说，弘扬东乡文化，我可能是最后一个做这工作的人了，我再不抓紧搜集整理，那段历史就真的湮没了。"那人不再说什么，老余开始脱衣洗澡，脱到一半，又说："明天我要关门了。"我不明白他的意思，前天他还很有信心，说一天可以赚一百元，今天却说要关门了。老余接着说："亏得太狠了，你也看到了，没有什么人来洗澡，不关门不行。"我还是不明白，为什么短短两天，老余的情绪变化这么大？但我想，应该与我的到来没什么关系吧。

今天回来得较早，宾馆的门还没关。回到房间里，我开始整理白天的笔记，眼前仍然晃动着周祥烈老人凝练的武松拳，只可惜武松拳再无传人，连他的儿子也不肯再学。再过一些年，东乡的武术就真的失传了，连同三十六位英雄好汉，都将在历史的烟云中慢慢消逝。我此次来东乡，接触了十几位老人，搜集了十来个民间传说，但到底无法弄清三十六位好汉的名字，也无法得到更多关于三十六名教的事迹。

明天，我决计要回去了，多少有些失望。

第二天早饭后原本要回安庆的，但左文似乎并不甘心，左文说："我带你去大山看看好吗？那里还有一两个老人，或许他们还知道一些三十六名教的事情。"

我去大山已经三次，那是一个美丽的山村，清清的河水，河边的老柳树，老柳树下有休憩的牛以及吸着旱烟、聊天的老人。于是，再次坐到左文的摩托车后面，几分钟后就来到大山村。

村部里，几名村干部一个个神情庄重、无比严肃地在讨论什么事情，一个穿着西服、打着领带的年轻人（后来我知道他是村支书）正在喋喋不休地发着牢骚。我听明白了，是为挖沙工程队在大山村挖河沙的事。我知道我在这里并不合适，但又找不到合适的理由退出会议室。左文似乎猜出我的心思，他把一个年轻人带到我面前说："你带黄老师到外面谈谈好吗？"又向我介绍说："他对三十六名教的事略知一二。"这是一位种粮大户，同样是西装领带，据说他在普济圩那边承包了280亩稻田。我打趣说："你是一位大地主。"他说："我只能算是大佣工，那些田都不是我的。"

我们说笑着，来到另一间办公室，但种粮大户却说："其实我也不太清楚，我带你去见另一个老人好吗？他今年89岁了，已经卧床不起，你下次再来，也许他就不在人世了，他知道一些三十六名教的事情。"

我心里纳闷，既然到了行将就木的时候了，他还能讲三十六名教的事吗？但我还是不由自主地随着种粮大户向村子的另一处走去。

推开一扇门，这间有些年头的屋子里空空如也，在一间地面潮湿的披屋里，低矮的床上半躺着一个枯瘦的老人。我实在不忍心用最坏的语言来形容这间屋子，墙面一块块青砖裸露着，连粉泥也不曾涂抹。老人的儿女或许已搬到另外的屋子里去住了，屋子里就只有这个静静等待生命的一个时期的老人。老人的床前有一张竹榻，竹榻上有一只水瓶，一只碗，还有一袋未曾打开的麦片，床下有一尿壶。种粮大户叫了一声什么爹爹，说这位作家，他想了解三十六名教的事，你要是知道，就讲点故事给他听。

老人开口了，没想却中气十足，完全不像病入膏肓的样子。老人看了看我，指了指屋后说，某某就埋在这后面山头上。我知道他是指三十六名教之一的邓庆美，昨天我去邓村，那村里人就已经告诉过我了。种粮大户说："那你就讲讲他的故事吧。"

老人想了想，就给我讲了三十六名教之一邓庆美女儿的事。说某村一人家娶了邓庆美的女儿，开始并不知道这姑娘的来历。遇一旱年，村子里有一恶霸硬是独占唯一的水源。那一天一农户前去放水，却遭到那恶霸家七名壮丁的恶打。邓庆美的女儿看不入眼，就站在一丈开外，手指一点，将那七名打手一一放倒在地。然而当那七名打手死过去后，邓庆美的女儿害怕并着慌了，原来她只会点穴道，不会解穴道。女儿只得回到娘家，向父亲诉说发生的事情。邓庆美此时年纪已老，他向女儿面授机宜，说："你只须如此这般，就可以救活他们了。"女儿得了父亲的真传，来到那田边，只见她在每个行将毙命的打手身上踢了一脚，口中说："起!"那七名打手一一都活了过来。

老人意犹未尽，接着又讲了三十六名教另一个罗德先生的传说。说某年一戏班子前来唱戏，因为没有请罗德先生，罗德先生的弟子们不服这口气，于是便到戏台下闹事。结果双方一场恶战，从中午打到傍晚。

罗德先生以智慧化解了这场纠纷。

老人讲完这两个故事，气开始有些喘了，我不敢再打扰老人，我站起来，摸了摸老人的被子，垫被还算厚实，而盖被却单薄而又硬板。我看了看这间屋子，我知道，这间不到十平方米的屋子，应该就是老人的整个世界，也是老人最后的世界了。

“这老人一个人住在那间老屋里，万一有个三长两短，还没人知道呢?”走出好远，我禁不住感叹说。“呵，他家里人会按时送饭给他吃的，”种粮大户说，“到一定的时候，家里也会有人来守着他的。”

我不再说什么，我知道，农村很多的老人就是这样的生存现状，他们的儿女们觉得，只须按时给老人送来吃喝，就足够了。他们甚至在老人的床前放了一袋麦片，我想，他的儿女们也许觉得自己够孝顺了吧。然而走出好远了，我的意识仍是滞留在那间四面透风的屋子里，想着那个孤独的老人，他的生命，与一般的动物又有何异?而他也曾有过年轻的时候，他年轻时，一定也是一个风风火火，一脚都能踢死一条牛的汉子。他有过爱情，有过爱和被爱；他有过羞涩，有过壮烈；有过生命的传奇，或许还有过可歌可泣的经历。而现在，他只能待在那间屋子里，生命之火行将熄灭，等待他的，就只有一个既定的结果：死亡。我只是希望，他的子女们多给老人一点关爱，多来看看老人，别让老人在孤独中走向那个黑暗的端口。

陆家湾老龙灯会

枞阳镇处于长江中下游北岸，位于枞阳县境西南，东连㘵山镇，南邻桐城鲟鱼镇，西依安庆市郊，北与官埠桥镇接壤，是枞阳县的政治经济和文化中心，县委县政府所在地。枞阳镇是古老的历史名镇，始建于春秋末年，古称“舒口”为舒、相、庐、怀、潜等县的漕米集散地，历史上是重要的港口和商埠。全镇总面积 90.23 平方千米，辖 12 个行政村，14 个居委会，人口 9.6 万。陆家湾靠近长江，这里民风淳朴，人民勤劳，世世代代以打鱼为生，人们通过舞龙灯这一民俗活动来祈求风调雨顺。

陆家湾龙灯的历史渊源可追溯到时清末时期，有一年发大水，陆家湾村民在长江里捕鱼，洪水漂来一副龙灯的骨架，小湾村的人捞起了龙头，大湾村的人捞起了龙板，双方各自供奉家中。后因小湾人口少，龙头被大湾村民抢夺，便一直由大湾掌管。但龙头确是小湾先得，经多方协调，商定龙灯以小湾为娘家，每年初二出灯必先去小湾拜年。

陆家湾灯会，世代相传，虽经历战乱和动荡，但基本保持活动的正常开展。在“文革”时期，龙灯作为封建迷信的“四旧”产物被禁止，村民把龙灯藏于阁楼上，才被完好保存下来。传说，有年腊月，龙灯于阁楼上发出公鸡般的叫声，老人们说这寓意着老龙显灵。期间藏龙灯的村民家发生火灾，房屋尽毁，唯龙灯完好无损。改革开放后，农村逐渐富庶，陆家湾的人便商议重新组织龙灯队，这得到了全体村民的赞同。

他们组织村里身强力壮的小伙子，成立了龙灯队，连续参加三届县里组织的龙灯比赛，均获得头彩。随着陆家湾老龙影响扩大，接灯的香客也越来越多，有求子的、求学的、求平安的，祈福的各色人等络绎不绝。

陆家湾龙灯是枞阳县枞阳镇颇具影响力的传统民俗文化活动。陆家湾龙灯由 5 个自然庄轮流筹办，每年腊月由主庄召集其他自然庄代表开会研究出灯事宜。大致程序是：腊月初八请龙，扎制，裱糊，送帖，接帖。正月初二出灯，初七、十四不出灯，正月十八上灯复（送龙上天），上灯复时在人迹稀少的长江边，焚烧龙皮，送龙上天。

出灯时锣鼓开道，彩灯伴行，鞭炮齐鸣，声势浩大，随行观灯群众少则上千，多则上万，队伍蜿蜒游行，场面宏大，热闹非凡。陆家湾龙灯属板龙，连头带尾共十三节，象征闫年十三个月，每节均点上香烛。

陆家湾龙灯有诸多表演套路，部分已失传，现有套路：倒板，螺丝旋顶，金龙抱柱，龙舞四门，顺进反出，头招尾招，黄龙出洞等。

自请龙之日起，烛火不灭，由专人看护替换香烛。在舞龙时龙头不能被烟花烛火烧着，龙珠掉地时也要在熄灭之前快速拾起，否则香客忌讳。龙灯出行过闸必须船运，两龙相遇必分大小边通过。每到一户人家，香客必用鞭炮迎接，接龙进入厅堂，焚香烧纸祈祷。有的香客还愿须给老龙披红挂绿，香客们和围观者还会乘舞龙者不注意时，偷偷扯下几根龙须，以求自己和家人平安幸福。

陆家湾老龙灯会具有浓郁的民俗性和广泛的群众性，它寄托着广大民众祈求风调雨顺、社会和谐、家庭幸福的美好愿望和追求，不但丰富了当地群众的文化生活，还增添了喜庆祥和的节日气氛。

2012 年 11 月陆家湾老龙灯会被列入安庆市第三批市级非物质文化遗产项目名录。

枞阳胡琴书

枞阳境内水路纵横，特别是枞河，是皖中地区通往长江的咽喉，南来北往的都打这里经过，水上客货运输十分繁忙。自明清以来，这里便是一条漕河，船辑往来如鱼穿梭，渡口泊位星罗棋布，转运着大批的粮食和食盐，枞阳成为当时这一地区重要的商埠，万商云集。故而各地来此卖艺谋生者诸多，清代中叶以后，道情、鼓书、莲花落、评书、相声等各种形式的曲艺相继传入。

一支充满着泥土芳香的小花——枞阳胡琴书，就诞生在这里。

枞阳胡琴书约起于清末，形成于新中国成立前，发展于新中国成立之后。枞阳胡琴书的最初表演者是算命先生，旧时因医疗水平低下，盲人众多，他们身背二胡，手持小铜锣，走街串巷，为人算命。为了生计，常常应要求进行即兴说书表演，久而久之，就产生了枞阳胡琴书这门说唱艺术。枞阳胡琴书主要说唱一些老百姓喜闻乐见的民间故事和历史小说，如《薛仁贵征东》《罗通扫北》《西厢记》《找女婿》等。新中国成立后，胡琴书艺人们为了表达新中国农民翻身做主的喜悦，纷纷改了代代相传的旧唱词，以清新朴实的语言歌颂新生活中、新气象，在正月里走家串户，登门献艺。各地各村的老百姓，在过年过节农闲时，也纷纷请胡琴书艺人说书。

枞阳胡琴书有着鲜明的口头文学特点，表现的内容多是乡间琐事、民俗风情。人物简单，情节集中，语言生动，诙谐风趣。展示了当地的风土人情和人民群众的道德观、审美观和理想追求。

枞阳胡琴书，以二胡伴奏，用通俗易懂的枞阳方言说唱。不仅要求嗓子好，吐字清楚，而且还要琴艺娴熟，尤其需要演唱者有见风挂牌、张口就来的应变能力。胡琴书的音乐，吸收了当地民歌小调中的营养，一般用民族调式中的“微”调，唱词多以二二三句型，夹白夹唱非常自由，叙事抒情方便。

枞阳胡琴书主要传承人唐义取，第一次让《枞阳胡琴书》登上了大雅之堂。这门流行乡野的民间曲艺，一经搬上舞台，便如一股清新的山野之风，让人耳目一新。唐义取，𠙶山镇（原破罡区）退休教师，20 世纪五六十年代从事胡琴书演出活动，与文化部门有关人员，加工创作了一系列胡琴书作品，如：《苦妹子死在大砥晗》《赞舟山分洪》《小红审鸡》《演出之前》《退礼》《旺旺和亮亮》等。经文化工作者加工排练，增加了伴奏、伴唱和旁白等舞台表演形式，先后参加了省、市和县文艺调演，获得广泛好评。1976 年枞阳县黄梅戏剧团演员黄恩松代表安徽省赴京参加了全国曲艺调演，其演出曲目就是枞阳胡琴书《演出之前》。

2009 年枞阳县文化馆挖掘整理了枞阳胡琴书传统名段《刘天宝赴宴》，并特邀国家二级演员、黄梅戏表演艺术家、枞阳胡琴书主要传承人之一黄恩松，在枞阳春节联欢晚会上演出，受到观众的好评。

2006 年 10 月枞阳胡琴书被枞阳县人民政府列入枞阳县第一批县级非物质文化遗产名录。

2010 年 3 月被枞阳胡琴书安庆市人民政府列入安庆市第三批市级非物质文化遗产项目名录。

刘天宝赴宴

原唱：唐义取　整理：黄恩松　孔令军

唱：我胡琴一拉响四方，
　　听客欢笑聚一堂，
　　今天不把别的表哇，
　　单说这、刘天宝赴宴事一桩。

白：牛年说牛，话说刘家墩有个刘家村，刘家村有个刘家庄，刘家庄有一老问事的叫刘百高，老夫妻俩膝下一子名叫刘天宝。要说刘天宝是个什么样的人呢？讲他孬吧他又不太孬，讲他清楚吧他又不大清楚，他就有那么一点晕里晕头、徊里徊昏、鹅里鹅头，鸭里鸭达，按枞阳话讲呢，他就是一个大“活宝”！

旁白：啊嗟！听你那么讲奈，这个刘天宝不是个大“报应兜子”扎！

白：切！嗯别急，听我慢慢往下讲哉！

(唱)刘天宝今年一十八，
　　说起话来响当当。
　　爹娘把他当个宝，
　　望子成龙把家当。

(白) 天下的父母心都是一号地哟，哪个不想自己的儿女成龙成凤呢？(对伴奏人员) 你们讲是不是的哉？

齐白：是的哟！是的哟！

白：话说有一天，庄上大户、李大爷家的公子办婚宴，派人请刘大老爷去吃喜酒。

旁白：刘老在家吗？

唱：忽听门外有人喊，

　　天宝娘出门看端详。

夹白：阿姐，这不是李小哥哇，

唱：你来我家为哪桩？

旁白：我家相公啰，明子结婚，请刘老爷过去喝杯喜酒喔。

天宝娘：阿嗟！还真不凑巧呢，老头子出门还要两天才回来耶。

旁白：刘家这点面子还要给的哟？

天宝娘：那——门子（明天）叫我家天宝去可照哉？

旁白：有照，有照，一定要来也！

天宝娘：一定，一定，嗯放心罗。

唱：她把请帖拿在手，

　　心里发酸又发愁。

　　这天宝世面见得少哇，

　　叫他赴宴还要交代清楚。

白：天宝喂！天宝喂！我说刘天宝我的儿子喂！

天宝：子——子、子、子、东瓜子、南瓜子、西瓜子、北瓜子，忽听老娘喊儿子，想必老娘她要死，她要死。

天宝娘：嗟！你这个砍头的别瞎扯哉！

天宝：嘻嘻，妈买，你喊我来做么事哉？

天宝娘：刚才李家下了请帖，请你老子去喝喜酒，你老子不在家，你去可照哉？

天宝：切！这有什么照不照的哉，我就喜欢喝酒，喝酒都好耍哉！

天宝娘：天宝喂——

唱：出门做客有规矩，（旁合：有规矩。）

　　待人接物要周到。（旁合：要周到。）

白：要文质彬彬、斯斯文文、客客气气、温温和和，切不可像在家里，狼吞虎咽，横吃直歹。

接唱：胡乱行啦。

天宝：切！老娘呐，你把我当孬子呀！

天宝娘：天宝喂——我教你哟：人家怎么做你就怎么做，人家怎么吃你就怎么吃。可晓得了嚜？

天宝：嗟！这不简单啦，人家怎么做我就怎么做，人家怎么吃我就怎么吃。有照、有照喔。

天宝娘：那就好喔。

唱：第二天，

　　天宝高兴去赴宴，

　　身穿一套新衣裳，

　　摇头晃脑出家门啦，

　　一路上小哼子到李家呀。

白：乖乖个隆地咚！只见这李家宾客满堂、人山人海、好不热闹，刘天宝一看，也学着别人，人五人六地拱拱手。

天宝：大爷好、大侄子好、大娘好、大姨好、大姨夫好、舅爹爹好、大姐好、大姐夫好、大哥好、小哥好、小侄子好……

众白：好喔、好喔……

唱：你一句来他一句，

问长问短问家常，

这天宝一旁不作声，

把老娘的话儿记心中啦。(齐唱：记呀么记心中啦。)

天宝自言自语地：人家怎么做我就怎么做，人家怎么吃我就怎么吃。人家怎么做我就怎么做，人家怎么吃我就怎么吃。

旁一白：各位客人请入席，上菜啰——

白：这刘天宝就稀里糊涂地被拉到桌上，正好和陈四爷坐在对面啰。

唱：各位客人都坐定，

杯中美酒香喷喷。

鸡鸭鱼肉摆满桌，

李大爷叫了一声——大家请啦。

白：李大爷说“请”，客人们都相互客气“请”“请”“请”……刘天宝这时想起了老娘的话，也学其他人“请”“请”……旁齐白：“请”“请”“请”……

白：客人都相互看看，也！这刘天宝如今还上好的呢。都港刘家儿子是个徊昏人，今日一见不是那么回事，这个刘天宝不策得很啦。

唱：你一杯来我一杯，

大家吃得真开胃，

天宝学着别人样啦，

斯斯文文真小心啦。

白：这时正好上了一道枞阳的特色菜“肉烧山粉圆子”，这山粉圆子大家都晓得，光玉玉的、滑溜溜的，夹还不好夹呢。陈四爷就伸手夹了一个，哪晓得一筷子没夹住，“扑突”一下掉在桌子上，这陈四爷乘大家不注意，轻轻这么一哈……，陈四爷又尖了一个圆子，“扑哧”又往下一突，陈四爷这下真不好意思了，他急中生智，把筷子从圆子底下一插，往起这么一挑，“啊呜”嘿，刚刚好，接到子。

别人没注意，刘天宝看到子：我的妈奈！高人啦。

唱：刘天宝一见心里想，

陈四爷确实不简单，

双狮抢球搞得好哇，

我也来大显身手悲一把啦。（悲呀么悲一把啦。）

白：刘天宝也夹了一个圆子，往桌子高头一丢，这时大家都把眼睛看着他。刘天宝见大家都看着他，心想，这“双狮抢球”一定要悲好喂，不能丢丑喂。他也学着陈四爷的样子，也这么一哈，圆子也滚掉子，他又夹了一个圆子，郑重其事、小心翼翼、稳稳当当地往桌子高头这么一放，只见天宝卷起袖子，拿稳筷子，往圆子毒黑这么一插，往上这么一挑，“啊呜”一口，额，也吃到子。哪晓得，坐在对面的陈四爷这时正吃着粉丝，看到刘天宝的这么个吃法，不禁“扑哧”一笑，哎呀！坏着！不得了，这满嘴的粉丝从两个鼻子眼里“嘶”往出一潽，在嘴前面挂着，搞得鼻涕口水一果连，搞子一桌子笑子一轰。

别人笑这刘天宝不笑：他一下搞促子普！

“吔——这个菜怎么这么怪吃法哇？哎呀老娘呐，你教我：人家怎么做我就怎么做，人家怎么吃我就怎么吃。刚才陈四爷的那个“双狮抢球”我搞子还可以，基本和四爷打了个平手，现在他又吃个什么粉丝穿鼻子，我实在是吃不来了哦——”（众大笑）

这就是——唱：刘天宝赴宴事一桩啦——，（齐唱：事呀么事一桩啦。）

浮山的传说

整理：疏获

浮山的传说，是关于浮山的传说故事的总称，许多篇目极具神话色彩。这些故事既有浮山来历的传说，又有与浮山有关的历史人物和事件的传说，其中流传最广、影响最大的是浮渡和石小姐的故事。

浮山秀美挺拔，很像一位云鬟高挽的古代女子。千百年来，浮山奇特优美的风光与动人的传说，吸引过许多文人墨客。浮山 1983 年被列为省级风景名胜区，1992 年被列为国家森林公园，2001 年被列为国家地质公园，2013 年浮山摩崖石刻被定为国家级文物保护单位。

《浮山的传说》属于民间口头文学，传至今日，已形成了一系列的传说故事。唐、宋、元、明、清及近代一些文人的诗作中也反映了部分传说、故事。这些传说颂扬了正义和勇敢，鞭挞了封建和强暴，表达了人们对大自然的敬畏，对美好幸福生活的向往，是枞阳人民精神史和心灵史的真实记录，在民间广为流传。

2012 年 11 月《浮山的传说》被列入安庆市第三批市级非物质文化遗产项目名录。

石小姐的传说

自从盘古开天地，天上玉皇大帝已有了第十个女儿，天庭上都叫她“十小姐”。十小姐生得如花似玉，玉帝十分喜爱，但是十小姐脾气坏，玉皇大帝有时也感到头痛。

十小姐在天庭要上就上、要下就下、要进就进、要出就出，谁也没办法，有一天，十小姐走出了宫闱，到了东天门外。伸头一看，眼下是一片碧蓝的湖水，她心旷神怡。一阵凉风吹来十小姐只觉身子发软，两眼模糊，似是跌进了菊花丛里，刚睁开双眼，只见一位白面书生似的少年公子，正深情地望着自己，自己则温顺地依偎在公子的怀抱中。

金鸡一叫，天亮了，公子还不想走，作揖求婚。十小姐说道：“公子娶我为妻聘礼可以不要，但你得在日出之前，从这菊花丛里摘下一朵不带露水的菊花来。”公子笑了笑，也不说话，伸手在菊花丛中摘下了一朵不带露水的菊花，十小姐赞叹不已，随即问道：“你家住在何处?”公子答道：“东海龙宫。”十小姐一听，便知是龙王的太子了，还想往下问，梦醒了，什么也不见。

也是这一夜，东海龙王三太子，也做了一个与十小姐一模一样的梦，梦见自己走进菊花丛中，向十小姐求婚。

十小姐和三太子都得了相思病，食不进，茶不饮。急得玉皇大帝、龙王老爷也像害了病似的。还是做娘的心细，皇母、龙母终于猜透了自己孩子的心，分别说给玉帝、龙王听，玉帝、龙王都为难。可是，十小姐已发誓：“非龙王三太子不嫁!”公子也对龙王说：“非玉皇大帝的十小姐不娶!”玉帝、龙王都拗不过自己心爱的子女。双方只好择定佳期，派天神、海将互送了婚约。

迎亲的那天，十小姐，穿着新衣，坐上凤辇，由太白金星引道，天蓬元帅护卫，向东海岸岱嶅山走来，随后有天兵抬着八箱八柜，吹吹打打，好不热闹。

在龙宫外，龙王亲手装点的龙舟有二十八个虾兵蟹将排列船头，吹吹打打，出海去岱嶅山迎新娘。龙舟出海，海水翻腾，猛涨了三百丈。东海梢头的田地、村庄全被淹没，凡间的百姓哭的哭，叫的叫，不知死了多少人。观音菩萨刚好路过，忙从头上拔下一根簪子，往下一甩钻在岸滩上，又从头上扯下一根青丝，拴住船头。龙舟不动了，海浪没有了，水也退了。

十小姐和家人在岱嶅山等到天黑，也没等到迎亲的龙王三太子，盼到天明，还是不见迎亲队伍的影子。太白金星劝十小姐回去，天蓬元帅气得嗷嗷叫，要砸开龙宫，活捉三太子。可是痴情的十小姐头不摇，脚不移，泪汪汪、直瞪瞪地看着前面的大海。

一天、两天，一月、两月，一年、两年，不知过了多少年，龙王三太子始终没来，十小姐渐渐变成了一尊石头，凤辇、箱、柜也化成了石头。在她对面十里的地方，龙王三太子迎亲的龙舟，也化成了一座飘浮在水上的小山，也就是现在的浮山。

十小姐变成了“石小姐”之后，仍站在岱嶅山上，她不信三太子负约，总有一天迎亲的队伍要来。

有一天，她打开箱柜，拣晒嫁妆，忽然来了一群讨饭的，跪在她的面前，讨要衣服。石小姐这时已感受到了人间冷暖，世态炎凉，有了同情之心，便给了讨饭的每人一件衣服和一颗珠宝。石小姐做的事，被巡天大将看到了，在玉帝面前奏了一本，玉帝派下雷公、电母，用雷电把衣箱衣柜全都扣上了石锁，把石小姐双脚与山石连在了一起。从此，“石小姐”再也不能移动了，真的变成了石小姐。

如今枞阳县境内的岱鳌山和浮山遥遥相对。岱鳌山大凹口西边，有许多石块，有的像轿子，有的像箱子，“石小姐”站在最后。远远望去，像出嫁队伍一样。浮山的樯山，缆山，山中有桨桩石、夹桅石，山后有打鼓洞、琵琶阶，从高处往下看，就像是龙王三太子迎亲的龙舟队伍。

浮山仙会

浮山自古以来就是佛教圣地，每千年仙人要来聚会一次。上届神仙会是在宋朝仁宗嘉祐元年（1055 年）召开的，距今已有九百余年了。那时节，从河南郑州来了一位高僧，法名远禄。他佛法无边，与当朝的名人欧阳修、范仲淹往来甚密，仁宗赐号“圆鉴大师”，声名上达天庭，如来佛祖、王母娘娘都知其人。

那一年八月十五日，远禄公在会圣岩坐禅，忽然心血来潮，他掐指一算，原来今天是“神仙会”佳期。于是擂鼓聚众，上“望仙台”，亲摇“神铃”，以迎仙客。不消片刻，霹雳一声，西天门大开，只见红霞万道，彩莲万朵，由内而出，向浮山方向飘然而下。仙乐声由远而近，远禄公焚香礼拜。不一会，但见孙悟空、猪八戒鸣锣开道；南北仙翁和八仙等护着如来法驾，徐徐而行；王母、观音偕众仙姑谈笑风生；金凤、玉龙前后舞，鹦鹉、灵燕歌升平；雄狮、巨象伏地拜，金龟、玉兔各逞能。转眼间，众仙走下“渡仙亭”，过“仙人桥”，齐集“会圣”。远禄率众参谒，并汇报了在浮山洞天阐扬佛事的业绩。众仙听后大悦，俱赞圆鉴大师劳苦功高。大师以浮山茶、果招待，众仙品尝。茶罢，各仙自便，山前山后任意观光。如来佛祖移坐妙高峰下的金谷岩旁，观看天河坠玉，忽有东方百佛来朝；观音大士落座观音洞讲经说法，青鸟亦来助兴；王母娘娘上天池，观看千年一放的芙蓉花；南北二仙爱下棋，上了棋盘洞；铁拐李因腿病发作，仰卧仙人床；悟空、八戒巡山；金龟、玉兔赛跑……一日盛会，好不热闹！只有玉龙和金凤不守清规，私下相约，留在会圣岩旁，演了一曲“龙戏凤”。不想被当日护法正神——雷公所察，发了一雷，龙、凤现了原形。

浮山仙会，尽日而散。众仙在鼓乐声中，腾云驾雾，离开佛地回天宫。临行时，远禄公有依依惜别之情。如来察其情，勉慰说：“浮山一局，请善为之，不必伤情，后会有期。”

众仙走后，远禄公为了纪念这次盛会，特命本方土地，连夜赶造仙洞、仙像。一夜工夫俱各造就。只见山前有纪念大圣、八戒的“灵猴”“仙猪”二石；妙高峰下有“百佛朝如来”的造型；望仙台上“摇铃石”，铃口朝天，招迎百仙再来聚会；棋盘洞内，棋盘依旧，虚席以待二仙翁；紫霞关上“仙人床”，期待铁拐李重来躺卧；天池侧畔“石莲花”单等王母来观赏；雷公洞旁“玉龙”露形，“金凤”现“花”；“金龟”“玉兔”“鹦鹉”“灵燕”“青狮”“白象”各得其所，安然无恙；仙人桥、仙人亭、观音洞、佛母岩，一应俱全。正是：满山仙迹道不尽，莫若亲临见更真。据说下届仙会期为公元 2055 年。诸位若感兴趣，到期切莫错过良机。

烂柯石

浮山西麓，有一石台，台上平整，光滑如玉，这石台就是“烂柯石”。

很久以前，有一孩童，上山打柴归来，见两个鹤发童颜、银须拂胸的老人，对坐在此大石上下棋。于是放下柴担，丢下斧头，在一旁观看。一棋尚未结局，孩童见夕阳西下，转身回家，弯身去拾斧头，谁知斧已锈蚀，柄已腐烂，再去挑柴，扁担和柴俱化成灰烬，回望二老，已不知去向。童儿回到村庄，找不到家门，见不到亲人。原来朝代已改，亲人已故了，真是“山中方七日，世上已千年”。

后人认为：孩童所见，乃是南斗、北斗二仙翁。柯者，斧柄也。有晓事者将烂斧柄的地点取名“烂柯石”，并建“烂柯亭”。唐朝诗人孟东野在上面刻“烂柯石”三字，并作了一首诗，诗曰：“仙界一日内，人间千载穷。双棋未变局，万物了皆空。”

左慈戏曹操

浮山妙高峰西，有一摘星岩，生于峭壁之上，大胆者可以登攀。此处为“左慈炼丹处”，又名高岩。如今洞内有石炉，为左慈遗物。

左慈字元放，是汉朝末年的庐江人。时浮山在庐江郡境内，他爱浮山岩洞景色，隐居于此。

那时，他与曹操很要好，常为曹操的座上客。有一次曹操想吃松江鲈鱼，问在座的众宾客：“有谁能求得？”左慈离席，命人取铜盘一只，盛水于堂上。只见他口中念念有词，然后伸手去盘中捉了一尾活跳跳的大鱼。煮之，其味与松江鲈鱼一样鲜美，曹操赞不绝口。

过了一个时期，左慈当着众人的面，揭了曹操的奸。曹操大怒，命左右捉而杀之。左慈即隐身不见。左右四顾无人，只听见墙壁中有左慈戏弄曹操的声音，气得曹操七窍生烟。

后来，曹操去皖城攻打张绣，途经浮山，见左慈在此采药，又命武士去捉拿。只见左慈走入羊群之中，转眼又不见了。武士伸手抓来一只羊，推到曹操身边。曹操一看，却变成一只石羊。如今这仙羊石，正卧在缆山上翘首东望呢！

远公神槎

浮山之东，隔水相望，有一石溪小镇。镇上有一个秀才，酷爱浮山景色，年年来游，游而忘返。

嘉祐三年（1058年）八月十五日，秀才又来游山，兴趣愈游愈浓，直至金乌西下，玉兔东升，他才走下回龙峰，寻船渡河。秀才走至九曲涧边，只见一小船停在岸边，但不见艄公，只好上船坐等。不知什么时候，小船悄悄地离了岸。秀才发觉后大惊，连忙呼喊求救。然而，人们都在欢度中秋佳节，谁也没有听见秀才的喊声。说也奇怪，小船行得十分平稳，像有人在船后推一样，笔直地向上游飞去。秀才坐在舱中，只得听天由命，任其摆布了。但见明月高悬，皎洁异常，湖水发光，涟漪荡漾，不觉心旷神怡，倒忘了孤舟单身之苦。中秋佳节逢此佳境，只可惜缺少美酒佳肴，不然，他也要"举杯邀明月"了。

小船不知行了多少时刻，走了多少路程，来到了一个去处。只见岸上，隐隐约约现出许多房子。但见楼台栉比、宫殿嵯峨，耳闻人声隐约、钟鼓悠扬，仿佛是一座皇城。此时秀才想弃舟登岸，忽见岸边有一人，戴着笠篷，牵着一只老牛，在河边饮水。秀才起立，拱手相问，牵牛者笑说："客人是浮山来的吧？回去可问圆鉴大师，便知分晓。"话音刚落，忽见城门边有二武士，持金爪钺斧而来，询问究底，秀才一一作答。武士听罢，不准秀才上岸，并拨转船头，推向河中，于是小船如箭，又顺着原路，回到了九曲涧。此时，天色已明，秀才连忙上岸，回头一望，小船已不知去向。秀才心里狐疑，自言自语："奇哉，怪哉！"为释疑团，秀才没回石溪，急忙过紫霞关，到会圣岩去拜访圆鉴大师。见了远禄公，秀才讲其经过，远禄公惊叹，说道："我昨夜观看星斗，见有客星犯牵牛星，原来是先生到了天河。这也是老先生的造化，实属缘分不浅!”

事情原来是这样的，远禄公每年八月十五要派神槎去天宫，汇报下界阐扬佛事情况，秀才坐的这只船，即是远公所遣，秀才所见牵牛者，就是银河边的牵牛星。后来，秀才为了纪念这不寻常的旅行，特在浮山回龙峰建了一座“泛槎亭”。如今亭虽不在，但遗址尚存。

水漫浮山，乌龟讨封

浮山位于白荡湖滨，三面皆水绕，北达巢湖、合肥，南出湖口，上至安庆、九江，下通芜湖、南京，历史上是个军事要地。元朝末年，陈友谅与朱元璋为了争夺江山，曾在此大战呢。

那时候，朱元璋已经在应天府（今南京）建都称王。陈友谅为了阻止朱兵西进，所以在浮山扎寨，等候朱元璋的到来。

元顺帝至正十九年（1359 年）九月，朱元璋一路斩关夺隘，来到了今枞阳县的岱鳌山。于是派大将徐达做先锋，陆路进攻浮山寨。徐达距浮山三里，安营扎寨。此地因徐达屯过兵，后人叫它屯兵山。

且说徐达在此安营以后，即派探马侦察浮山地形。第二天拂晓，士兵饱餐一顿，来到了浮山脚下。徐达见浮山峭壁万仞，是天然的城墙，嗟叹不已。他朝山顶上一望，不见一兵一卒，但见云雾之中无数旗帜在飘扬。徐达下令分兵四路，沿着九曲涧、断虹峡、胡麻溪和潜龙峡上攻浮山寨。谁知兵行峡谷之半，忽然杀声四起，不知兵从何出，一齐杀下山来。但见尸横遍野，血流成河。原来陈友谅在岩石上钻了许多圆孔，遍插旗帜，乃虚张声势；却藏兵于三十六岩，七十二洞之中，待徐达兵至，以奇兵突袭，使对方措手不及，因而徐达大败。现时浮山岩石上圆孔比比，就是那时留下的旗迹；山下浮石紫如猪肝，那就是人血渗入其中的缘故。

朱元璋陆路进攻失利，又派水师将领王胜走水路进攻。王胜是会宫人，家距浮山很近，熟悉浮山水路，于是驾战船直攻北寨。谁知陈友谅早有准备，在河里下了一道道麻布网，以绊敌船桨舵，使之不能靠岸。因此，这条河而今还叫它“麻布河”呢！当王胜战船进入网区时，舵桨俱被网裹住，船在水里团团打转。这时北寨守将赵普胜见了，居高临下，指挥战士一齐射箭，因此，朱兵伤亡惨重。于是王胜只好还师岱鳌，向朱元璋请罪。

朱元璋见水陆两师俱败，正在纳闷。忽然军师刘基来到，说是“香案已经摆好，请主帅祭天”。朱元璋只好沐浴更衣，焚香礼拜，祷告曰：“天下江山，若我朱元璋有份，请皇天护佑，立即水漫浮山寨。”说完，朱元璋叩了一个响头。这一响非同小可，只见浮山上空顿时腾起黑云，九条巨龙张牙舞爪，一刹那雷声隆隆，电光闪闪，大雨倾盆而下，湖水猛涨一丈，那麻布网早已沉入水底，失去了作用。朱元璋趁机率领战士，乘坐大小战船，一鼓作气，杀上浮山，破了陈友谅的大本营——会圣寨。

朱元璋水漫浮山寨后，连忙下山乘船，继续西进。刚刚下山，陈友谅、赵普胜又从山上杀了下来，朱元璋大惊，以为是天兵天将，连忙上船逃跑。诸位有所不知，在浮山绝顶处，有一倚天洞，洞深 60 米。可容数千人，外面不见洞口，无路可通，只能悬索攀缘。当朱元璋水漫浮山寨时，陈友谅等避入此洞，因此朱元璋没有发现，还以为他葬身鱼鳖之腹呢！话又说回来，陈友谅见朱元璋挂帆逃跑，于是立身棋盘洞中，“嗖”的一箭，向朱元璋的大船射去。说时迟，那时快，只听见“咔嚓”一声，一块大板漂了起来。原来这一箭正好射中朱元璋所坐船只的大舵。说也奇怪，这船仍然行走如飞。陈友谅不舍，与赵普胜等分乘快船追赶。快船越追越近，朱元璋急了驾，连忙将宝剑往水面上一划。这一划不打紧，只见剑划处顿时升起一座座青山。这些青山将白荡湖分成了两个湖，两条河，一在东，一在西。如今西边的河叫作西河，西边的湖叫作菜籽湖；东边的河叫作东河，东边的湖仍叫白荡湖。那剑划处，在今官桥区境内，地名叫作分水岭。在下不会撒谎，如果你不信，可来枞阳县实地考察考察。闲话少说，言归正传。那时陈友谅走了西河，一天追到晚，一晚追天亮，始终没追上朱元璋。而朱元璋那时松了口气，还同马氏娘娘在现名会宫的地方宿了一夜呢！怪不得这地方如今叫作“会宫”了。

第二天，朱元璋出了白荡湖，沿江而下，一路顺风，很快到了应天府。下船之际，朱元璋忽然想起了陈友谅射舵一事，下令将士验舵。战士抽取大舵一看，不见舵板，却见一只簸箕大的乌龟咬住舵柄，怪不得船行如故！朱元璋高兴地说：“原来是元大将军保驾。”那乌龟似懂人言，绕船三周，摇头摆尾而去。诸位，这个故事，就是民间流传的“水漫浮山，乌龟讨封”和“朱洪武剑分二河，马娘娘夜宿会宫”。

朱作鼎飞刻“一线天”

浮山金谷岩西，滴珠岩旁，峭壁凌空，高不可攀。但是就在这样的峭壁之上，却有人刻写了三个斗大的字——一线天。

原来这三个字，是朱作鼎所刻写的。朱作鼎是清朝康熙年间人，出身绿林，能飞檐走壁。少时家贫，常与富豪为敌。他练就一身轻功，深夜飞入富豪之家，窃取金银财宝，如探囊取物，不费吹灰之力。

安庆府内有一个周姓班头捕快，是桐城东乡的名教之一，善用铁弹，百发百中，人送绰号“周铁弹”。在进府之前，周铁弹是大富翁周百万家的保镖，朱作鼎背部曾挨过周铁弹的暗弹。为报一弹之仇，朱作鼎在大小朋友的帮助下，用金银买了一个官，当上了安徽的臬台（负责治安司法的官）。这样一来，他既能保护那些绿林朋友，又有机会报仇雪恨。他上任后，白天断案，夜里出外作案；豪绅来告状，他就限期命周班头去破案。限期一到案子破不了，就打班头的屁股。臬台老爷去作案，谁也料想不到因此周铁弹屁股越来越肿。周铁弹到了这一步，呼天天不应，叫地地不灵，深悔当初不该干这个倒霉的差事。

后来，周铁弹通过明察暗访，对臬台老爷产生了怀疑。一天三更时分，他躲在大堂暗处，见一人自内而出，来到了天井边。他借助星光一看，发现此人身穿夜行服，身段像是臬台大人。一刹那间，又见那人腾空而起，飞出了天井。周铁弹心里更有了底，于是持弹以待。到了五更天，天井上落下一人。周铁弹一见，说时迟，那时快，一弹飞出，正中那人左眼，只听“哎哟”一声，那人转身不见。周铁弹急中生智，连忙擂鼓，要老爷升堂。后衙闻鼓声，传出活来：“老爷生病，不能升堂理事。”但是周铁弹哪里听这一套，擂鼓不歇，鼓声就是王法。朱作鼎只得包扎眼睛，升了大堂。命带击鼓人上堂，周铁弹上前：“报告老爷，有贼！”老爷问：“贼在哪里？”周铁弹高声回答“远在天边”四字，下文就不说了。朱作鼎一惊，但强作镇静，命左右：“明天务必捉拿归案。”随即退堂。

当天晚上，朱作鼎悬印于梁，题诗于壁，离了安庆府。诗曰：

人生事事有天罗，莫把心机太用过。
富转贫来贫转富，江河成路路成河。
强人又遇强人手，奸巧还被奸巧谋。
莫说老天无报应，十年前后看如何！

朱作鼎弃官以后，就来到风景如画的浮山，栖身岩洞，当了和尚。在浮山挂锡期间，他练就了一笔好字，如今崖壁上多处可见他的笔迹。“一线天”三个苍劲有力的大字，就是他那时一个单飞，贴壁挂画，刻写而成的。至今游人到此，都仰赞不已。

姚康伯天池遇仙

明代有个秀才叫姚康伯，他是何宰相的密友。崇祯末年，史可法镇皖时，聘他为记室，参谋军务，为史可法所景仰。他生前自题挽联一副，史可法亲为书写。联曰：“吊有青蝇，几见礼成徐孺子；赋无白凤，免得书称莽大夫。”该联刻在姚康伯的墓碑上，至今保存完好。他的家在浮山西边的麻溪河畔，其墓距浮山约十公里。

传说，他少时常坐在浮山岩洞中读书，勤奋好学，但脑子很笨，心不开窍，四书五经总是读了记不住。一日，他坐在天池边苦读，夕阳西下，却忘记回家。天黑下来了，他才站起来往回走。然而在天池周围走来走去，却寻不到下山的“百步云梯”。他正在焦急之中，突然夜幕笼罩下的浮山西边亮出了灯光，他向灯光走去，却见一所漂亮的房屋，门半掩半开，一美妇坐在灯火之下，看着一本无字之书。姚康伯立在门外，干咳一声，妇人抬头起身相迎，问其来历，姚康伯实情相告。妇人先以酒食招待，后取凉水一盆，命其清洗胸背。姚康伯洗毕，自觉全身透凉，心胸豁然开朗。即问妇人：“此水为何水？”妇人答曰：“此天池之水，可洗心！”言毕即关上房门不出。姚康伯坐堂中读书达旦。天亮后，蜡烛、房屋和妇人都不见了，自己坐的地方却是一个高高的石台。从此，人们称这地方为“遇仙台”，称大天池为“洗心池”。自那以后，姚康伯变得十分聪明，读书一目十行，过目不忘，后来成为有名的才子。

挞猫洞

九曲洞在金谷岩后，“每侧身过一小门，即豁然开朗”，长数里，共有九弯九小门，蜿蜒起伏于地下，直通山那边的金鸡洞。金鸡洞，在唐宋时期，因有金鸡在洞中报晓而得名。此洞后来又叫“挞猫洞”，它生在悬崖峭壁之中，洞距下约三十米。

传说，明代万历年间，有一文士想探九曲洞的深浅，他想了一个办法，先把一只活老鼠放进洞内，然后驱赶一只白猫进洞，人跟踪其后。谁知猫入洞内即追捕老鼠，霎时不见猫、鼠。人进四道门后，因寒气逼人而退出，在洞口等待猫还。谁知一连等了六天，也不见猫回。到了第七天，有一樵夫在金鸡洞下打柴，见一物从头顶掉下，吓了一大跳，他走进落物处一看，原来是一只白猫，已经摔死在石头上了。打那以后，金鸡洞有了一个俗名，叫作“挞猫洞”了。

凤凰松

在浮山北边的湖中，有一个美丽的小岛，岛上长了许许多多的花草。在那万花丛中，耸立着一株苍天古松。她的枝干如虬龙，树冠像凤凰，头东尾西，栩栩如生，这就是浮山的凤凰松。

传说民国初年，芜湖市某柴行老板娘，经常在日落前，发现厨房的水缸里有一树影，干如龙，冠如凤，摸不着，心不解，久而久之，忧郁成病。老板到处求医问卜，求神拜佛，但是妻子的病始终未见好转。一日，老板娘昏睡不醒，梦中突然有一只金凤凰自西飞来，连呼：“速来浮山救我!”双翅直扑老板娘。老板娘惊得一身冷汗，立即坐了起来，告知了丈夫梦中所见，并催促丈夫到浮山去烧烧香，拜拜佛。老板见妻子的病突然好了一半，心里也轻松了一半。他在妻子的催促下，就雇了一只大船，往江北而来，好在一路顺风，很快到了石溪河，进入了浮山界。但见山上亭台楼阁鳞次栉比，山浮水，水浮山，好一派蓬莱风光!老板正在船头欣赏湖光山色之际，大船不知不觉靠近一个小岛，眼前出现了一棵大树，它干如虬龙，冠如凤凰，头东尾西，正如缸中树影。又见树下一群人，有的拿斧，有的拿锯，正准备砍伐呢!老板即命船靠岸，问明情况，原来当地一个姓鲍的财主，要砍这棵古松贩去芜湖。老板诉说了家中的奇事，愿意拿一百块大洋保这棵树。财主认为一者是他家祖坟上的风水宝树，二者又意外地得了一笔钱，乐得做个人情。如今这棵古松仍独立岛上，展开双翅，正在迎接五湖四海的客人呢!

小牛误入无底洞

浮山之西，有一孤峰兀立，这就是樯山，雅名叫作天柱峰。峰之半，有一穴，古时为井，后人称为“无底洞”。

不知哪朝哪代，峰下住着一位老人，靠种田为生。一日，他牵着老黄牛在放牧，贪玩的小牛仔离开母牛，爬到了峰半的古井去喝水，一失足就掉到井里去了。老人不见小牛，急忙跑到井边来捞。然而井很深，什么也看不见。只听见里面发出“咕咚、咕咚”的响声。老人找来了麻绳，下面吊一个大秤砣，想探一探有多深。结果他用一丈八尺长的麻绳十八根接起来还探不到底，老人失望了。过了几天，有人在东海梢发现了一条小黄牛，还活蹦乱跳的，据说它就是误入无底洞的小牛仔呢!

岁月流逝，不知到了哪一朝哪一代，人们在无底洞的上方加了一块石板，修了一座土地庙。如今，那土地公公和土地婆婆的屁股就落座在那块石板上呢！

飞来石

妙高峰峭壁万仞，上有一巨石，形如海螺，由下观之，岌岌可危，势欲腾飞。古人刻“何地飞来”四字于其上，这就是飞来石。

传说很古很古的时候，西天突然出现了一个漏洞，那女娲氏坐在昆仑山中烧炼五彩石，准备补天。这块石头亦在选用之列，然而这顽石生来古怪，不愿随仙人去天上，却偷偷地飞到杭州某山。由于该山离杭州太近，喧嚣之声使得它不得安宁，于是一夜之间又飞到了浮山。它觉得浮山远离都会、城市，算是理想的清静之地了。打那以后，它就在浮山定下来了。如今那杭州山上有一块巨石，人们不知它上半截的去向，故刻上了“飞往何地”的字样。殊不知这块石头就是当年浮山飞来石的落脚之点呢！

乌金渡与拔毛山

在浮山的东南，有一个古渡口，叫作乌金渡。乌金渡的河对面有一座山，叫作拔毛山。

传说明朝崇祯年间，乌金渡附近的丁家山麓，有一位大富翁，家有金银财宝九万贯，人们送了他一个绰号，叫作“丁九万”。

“家要败，出妖怪。”一夜之间，丁家的财宝全都不翼而飞了。丁九万检查房屋门窗俱无损坏，夜间也没有任何响动，这么多的财宝一晚上的工夫，就是盗贼也不能一下子搬走。俗话说：“瓮缸不走鳖，船底不漏针。”然而这些财宝究竟到哪里去了呢？后来，经吴老九一说，此段

“公案”才算了结。

说起吴老九，浮山的人无人不知，无人不晓。他家住在乌金渡口，从小就在这儿摆渡，那时节，他已是白发苍苍的老船翁了。就在丁九万家丢失财宝的当天晚上，他睡在后舱里，朦胧中听见有人喊叫，他急忙起身钻到舱外，只见黑压压的一队人马要过河。他心里一喜，连忙搭好跳板，请客人上船。先上来的是一个身着黄衣服的大汉，月光下金光闪闪，落座后便开口：“今晚我们要到百宝山去开会，人马很多，船钱统一付。走在最后的是一个老头儿，他牵着一头毛驴，你找他讨钱好了。”于是吴老九浑身使劲，摇动双桨，往来渡人。划来划去，一共渡了九趟。最后上船的果然是个牵毛驴的老头儿，船靠岸了，老头儿刚下船，吴老九大叫：“你们船钱还没付呢！”话刚落，小毛驴翘起尾巴，在船头上拉了一堆粪便，就跳上了岸。老九见了，连忙将驴屎铲到河里，跟驴屁股后就追。谁知那老头儿已进了山，毛驴也往山里钻呢！说时迟，那时快，他连忙抓住驴尾往外拖，尽管使足了力，还是没有拖住，结果只拔了牛尾巴的三根毛。此时天已亮，一看手中毛，沉甸甸的，原来是三根金条；回到船上，一看船头上的驴屎屑，原来全是乌金；那铲下河里的驴粪，却变成了几堆大乌石，直到如今还露在水面上。从那以后，这儿的渡口就叫乌金渡，这座山就叫拔毛山了。如今这山上出金、银、铜矿，真的成了百宝山了。

一滴泉

美丽的白云山，有一个神仙洞府，它的名字叫作白云岩。这岩洞十分宽敞，洞壁上的石纹也十分奇特，东头如龙鳞，西头如虎斑，人们说这是虎踞龙盘之地。这个龙虎之地，早在唐朝就成了佛祖道场，宋初的义青禅师——浮山佛教二祖的方丈室就设在这里。

传说义青和尚住这里时，庙里有一百个和尚，食用开支很大，就香油这一项也不简单，点佛灯和食用每月需要香油数百斤。一日，义青禅师坐禅，蒲团下突然有一股香气钻出来，味同菜油，他挪动蒲团，只见石壁中有一个一根香粗细的小孔，孔中流泉，泉如香油。于是他命小和尚收集贮藏，日供佛灯、和尚饮用。从此，庙里再也不愁香油了。

日复一日，月复一月，小和尚收集的香油除了食用外，还略有结余。一日，师父叫小和尚上街买香油，他在一家小酒馆门前经过，刚开坛的酒香，使他徘徊，于是他鼓足了勇气进店开了个荤。后来他利用上街之便，常来这家酒店受用，没有钱便偷偷地用庙里的香油来换。久而久之，这油泉渐渐地少了，最后只是一滴一滴往下滴，人们称它为“一滴泉”。又不知过了多少年代，这一滴油泉变成了甘洌可口的泉水，如今还源源不断地向外流呢！

无字碑

金谷岩巅有一块长方形的巨石，其形如碑，据说当初仓颉造字时，那第一个字就刻在这上面。

斗转星移，这块碑不知经历了多少年代，也不知有多少人前来瞻仰礼拜这天下第一个字。后来上界有个老神仙，认为这第一个字是天下奇宝，于是就收进仙库里保管起来。从那时起，这有字碑变成了无字碑。但是，这神仙怕人有意见，每年来浮山一次，将这个字放在原处，供人们参观。然而它的出现却一瞬即逝，谁要是看到这个字，就会羽化升天，成为仙人。据说吕洞宾得道之前，曾在浮山见过一次。打那以后，这个字究竟是什么样子？何时何刻开放？直到现在始终是个谜。

附录一

枞阳民歌手名单（部分）

宋班胜，男，自由职业者。

左言苟，男，周潭镇吴桥村村民。

宋云霞，女，周潭镇吴桥村村民。

宋祥，男，横埠镇雨亭村村民。

刘芝兰，女，横埠镇雨亭村村民。

左友胜，男，横埠镇利华村村民。

李六五，男，横埠镇左山居委会居民。

章德信，男，横埠镇横山村村民。

吴建平，男，周潭镇吴桥村村民。

左学俭，男，钱铺乡鹿狮村村民。

李江水，男，钱铺乡鹿狮村村民。

左学海，男，钱铺乡鹿狮村村民。

附录二

东乡武术套路《仙人驮伞棍》口诀

仙人驮伞一支枪，
铁牛耕地走边塘。
白蛇挡路人皆怕，
黄龙摆尾真刚强。
登枝好比花枪用，
腰棍一抛赛霸王。
背剑好比仙剃发，
风波棍子斩蔡阳。
响棍好比天宫闹，
苦竹仙安一扫光。

附录三

三十六名教姓名考

章观鳌　邓贤美　章文甫　周年信　吴怀川　王小雀子
谢依俊　陆蛤蟆　孙铁头　沈可田　潘小姑　蒋连生
邓奎榜　邓观凡　周年芳　王德辉　周炳坤　金飞锡
王再翁　章南友　谢济美　周爱西　周小牯牛　朱正大
施江燕　吴忠珠　王调暑　王凤啻　王正中　王耀典
章小虎　宋魁久　吴名川　钱西飞　陶小鼎　童和尚
（根据刘少西先生考证和各姓氏族谱查寻，排名不分先后，佚名著）

附录四

省级非物质文化遗产项目“东乡武术”代表性传承人章根苗

章根苗，男，汉族，1945 年 10 月生，枞阳县周潭镇彭桥村村民。1961 年师从于章永昭学习东乡武术中的狮门、洪拳、小樱枪等拳械术；1962 年师从于章福海学习东乡武术中的耕地棍、通背、武松夺岭、铁尺等拳械术；1964 年后在周潭及周边传授东乡武术，传授弟子逾千人。

章根苗擅长的拳术有武松夺岭、小洪拳、通背、单双狮门等。经常组织地方拳师对东乡武术进行探讨研究，多次组织横溪武术比赛，是东乡武术传承和发展的领军人物。为弘扬和发展东乡武术，抢救濒临失传的拳术套路，2005 年开始，章根苗对东乡武术拳械术进行搜集整理，为东乡武术的保护和传承做出了重要贡献。2010 年，章根苗被认定为省级传承人。2010 年初周潭镇彭桥村建起了习武堂，聘请了章根苗担任首席武术教练。

跋

贴近大地的呼吸

钱叶全

8 年前，我在主编《枞阳历史文化名人》时，在书的附页策划了 60 个文化项目。当时有人以为空穴来风或异想天开。这些项目有什么意义？能够实现吗？实际上，作为文联主编这本书确实不具备文化项目的策划职能，但我还是坚持把这“异想天开”的 60 个文化项目附录了上去。我知道，一本书要走很远的路，枞阳文化精神的表达绝不能停留在一本书上，而更重要的是在政府肩上，在枞阳民众的唤醒上，在枞阳山水大地的空间表达上。

空间表达是一个陌生的词汇。相对于文学的表达，空间表达是一种城市语言。进绍兴城，有一句口号——沿着课本游绍兴，鲁迅先生在课本中的文章是文学的表达，而我们能够走进去的鲁迅故居就是绍兴城市的空间表达。从文学表达到空间表达，有本质的跨越，文学表达是历史传承，空间表达则是创新传承。我们从读进去的历史与走进去的历史得到的信息是不一样的。随着枞阳的对外开放，枞阳对外的精神表达不能仅仅停留在一套丛书上，而要关注人的脚步。人们来枞阳感受什么样的文化？是“静态”的历史文化还是“动态”的历史文化？是面向过去的文化还是面向未来的文化？其实很简单，人们在枞阳作短暂的停留，不是进入枞阳厚重的历史隧道，而是自身生命的体验。在枞阳优美的山水中，生命有一次感动，文化有一次碰撞，信息有一次交流，足够。所以编一套丛书，不要期望人家在枞阳轻快的脚步中背上厚重历史文化的包袱，枞阳呈现给客人的应该永远是大美山水、和谐乡村、淳美乡风和在山水之间的微笑。这才是枞阳，才是枞阳的原生态。但枞阳又是一个历史文化厚重的城市，有着鲜明的地域文化精神，在枞阳的历史、现实和未来中，文化精神有着持续的生命力，隐寓于枞阳生生不息的文脉中。城市的空间表达就必须完成这种职能的转换，让枞阳山水充满着历史脉动，从而实现枞阳文化精神的对外传播。正如荣格认为，历史的积淀是一种集体潜意识，通过表达可以上升为集体精神，这种精神凝聚着地域文化的心理能量，不仅承接历史，更重要的是唤醒现实和照耀未来。

本套丛书梳理了枞阳文化的十个系统（当然不止这些），历史文化居多，如《枞阳历史名人传略》《方以智传》《钱澄之传》《枞阳文选》《枞阳诗选》等。选编这些历史文化入丛书，主要考虑枞阳历史走向的一个纵向坐标，在这个坐标轴上，“人杰地灵”，以枞阳历史名人为特色，枞阳大地自古以来创造了极具地域文化个性的灿烂文化。如：方以智，代表了明清中国科学文化的高峰；钱澄之，代表了以诗记史中国明清诗歌的高峰；方苞、刘大櫆、姚鼐，代表了“桐城派”文化的高峰；吴汝纶，代表了中国近代教育转型改革实践的高峰；朱光潜，代表了中国美学开创者的高峰等。诞生在枞阳大地上的这些历史人物，他们的文化成就远远超越了地域文化局限，而成为中国和世界的文化巨人。因此，我们选编这些历史人物，不是狭隘的地域文化观，而是丰富和发展中华文明、中国文化，在时代的坐标点上，诠释“诗人之窟、文章之府、气节之乡”与长江文明的关系，与中国文化的关系。在空间表达上，长江是中华文明的摇篮，枞阳文明与长江文明一脉相承，枞阳浩如烟海的人杰与长江之滨的这块土地存在文化上的源流关系。枞阳是中国文化的重要发源地和创新地。“勉成国器”，吴汝纶伟大的教育思想揭示了枞阳人的文化胸怀。

空间表达的另一层含义就是“地灵”。姚鼐曾语：“独浮屠之俊雄，自梁陈以来，不出二三百里，肩背交而声相应和也，其徒遍天下，奉之为宗。”浮屠，即枞阳浮山，即以浮山为文化圈的枞阳长江流域。现在的地域概念是，县域面积 1808.1 平方千米，吴头楚尾，长江流经县域 84 千米，境内四大湖泊水系，均与长江相通。汉武帝在枞阳射蛟置枞阳县，2100 年文明史，江水东流，枞阳文化生生不息。而浮山就是一座典型的文化山，位白荡湖之滨，与江水相通，历代名人高僧纷至沓来，留下大量摩崖石刻，出现“浮屠之俊雄”，使枞阳文化自唐以来交流日盛推动“人杰”汹涌。而“地灵”的另一个方面就是枞阳特有的地域环境和地域习俗，经过多年历史积淀，形成枞阳特有的文化基因，进入枞阳人血脉，如《枞阳非遗》《枞阳民俗》等，在“耕读传家”的文化背景下，枞阳人为什么重气节，枞阳人为什么重血性，枞阳人为什么重读书，在枞阳的地理环境包括饮食习惯、语言结构、风土人情中都会找到答案。尽管整理不全面，但揭示了“人杰地灵”的人文地理关系。这是枞阳人真正的家园，也是枞阳人深刻的乡愁。我们眷念这片大地，是因为我们与母亲的呼吸贴得太近。

“枞阳文化丛书”得到顺利编纂，作为主编，我诚挚感谢钱王刚、王乐群、陈靖等十位分册主编的赤子情怀和心血奉献，感谢县委、县政府在枞阳发展的重要节点上高瞻远瞩的文化视野和丛书组委会的决策落实。应该说，这是枞阳的盛事，是枞阳人乡愁的表达，是枞阳文化人的骄傲和自豪。

但我们深知，创新是文化的生命。“丛书”提供的资源能不能上升为枞阳文化精神，转化为枞阳城市的空间语言，任重而道远。旗山公园汉武阁竣工时，《枞阳杂志》发了一篇评论《望长江》，写下这样一段话：“枞阳发展的历史和未来都告诉我们，枞阳发展的成就来源于放眼世界的包容和开放；枞阳发展的未来也一定是世界的枞阳和枞阳的世界。”汉武阁正是这样一双为枞阳人打开全球化视野的眼睛。文化不仅是继承，更重要的在于创新。

2016 年春，江风浩荡。我的身后是枞阳乡村的阡陌和炊烟。大地温暖，母亲仍在劳作。

（作者系县文联主席、“枞阳文化丛书”主编）

图书在版编目（CIP）数据

枞阳非遗/孔令军主编．—合肥：合肥工业大学出版社，2017.2
ISBN 978-7-5650-3264-6

Ⅰ.①枞…　Ⅱ.①孔…　Ⅲ.①非物质文化遗产—介绍—枞阳县
Ⅳ.①G127.544

中国版本图书馆 CIP 数据核字（2017）第 025042 号

枞阳非遗

主编　孔令军　　责任编辑　疏利民　　特约编辑　孙南洋

出　版	合肥工业大学出版社	版　次	2017 年 2 月第 1 版
地　址	合肥市屯溪路 193 号	印　次	2017 年 3 月第 1 次印刷
邮　编	230009	开　本	710 毫米×1010 毫米　1/16
电　话	总　编　室：0551-62903038	印　张	20.5
	市场营销部：0551-62903198	字　数	246 千字
网　址	www.hfutpress.com.cn	印　刷	安徽联众印刷有限公司
E-mail	hfutpress@163.com	发　行	全国新华书店

ISBN 978-7-5650-3264-6　　定价：38.00 元